JN097529

多様性を尊重する子供を育てる校長講話

山中ともえ［編著］

東洋館出版社

まえがき

校長という職に就き、一校の学校経営を任されたからには、「こんな学校にしたい」という強い思いを、校長であれば誰しもが抱いていると思います。学校経営は夢があって、とてもやり甲斐のある仕事です。一方で、山積する課題に、前面に立ち、向かっていかなければなりません。特に、誰も経験したことのない長引くコロナ禍における学校経営は、本当に大変です。感染症に対する社会的不安が与える子供のメンタル面への影響や、ＧＩＧＡスクール構想によるＩＣＴ機器の導入など、これまでの学校経営の在り方を大きく考え直さなければならない状況となっています。

そんな時期に、中央教育審議会から審議のまとめとして、『令和の日本型学校教育』の構築を目指して」が示されました。「予測困難な時代」「先行き不透明」「情報化の加速度的な進展」「子供たちの多様化」などのキーワードが並んでいます。これからの時代を担う子供たちには、全世界の人々と共に、世代や性別、文化の違いを乗り越え、互いに認め合いながら、考え方を共有し、新たな枠組みを構築していく力が必要になってきます。どの学校においても、「多様性の尊重」は、必然です。

学校経営の中で、それをどのように具体化するかは、校長の工夫のしどころです。子供たちに、あるいは教職員に向けて、繰り返し、分かりやすく、「多様性の尊重」に対する自身の思いを伝えていくことが大切です。このコロナ禍にあって、学校として一体感をもつために、何かメッセージを発することの重要性を、校長としてひしひしと感じられていることと思います。人と触れ合うことの大切さを実感するとともに、前向きな気持ち、優しい気持ちになれる、そんな話を常日頃したいものです。校長として、子供たちに伝えたいことはたくさんありますが、今の時代に即した「多様性」を伝えるためにはどうしたらよいでしょうか。

そんなときに、少しでもヒントとなるような講話について、経験の深い八人の校長先生方にご協力いただきました。一人一人の違いから始まり、国際社会の一員として国や文化の違い、子供から高齢者までの世代による違い、性別の違い、障害の有無、人間だけではない他の生き物について、七つのカテゴリに分け、最後に、互いに理解し合うための内容について、アイディアをいただきました。その内容を、①個性の伸長、②価値観の受容、③異文化と理解、④世代とつながり、⑤性別と社会的役割、⑥障害と共生、⑦生命と環境の豊かさ、⑧相互理解と対話、の八つの項に分類してあります。

また、I章では、多様性が伝わる講話のポイントについて、私の経験からまとめさせていただきました。長く特別支援教育に携わってきたことから、障害者理解を意識した内容が色濃くなりましたが、校長として実践を重ねるうちに、何が障害かという疑問に突き当たり、障害という枠だけではなく、個性や多様性という枠に広げて、日々、子供たちに伝えていくことの必要性を感じています。

これからの学校を創造していく校長先生方に、少しでも参考にしていただけましたら幸いです。

この講話集の発行に当たり、寄稿いただきました八人の校長先生方と、構成段階からアイディアをいただくとともに、最後まで根気強く応援していただきました東洋館出版社の大場亨様に心よりお礼を申し上げます。

令和四年一二月

編著者　山中ともえ

目次

Ⅱ 子供が多様性について考える講話72

個性の伸長

価値観の受容

異文化と理解

世代とつながり

性別と社会的役割

多様性の大切さが伝わる講話のポイント

校長講話

I

一　伝わる校長講話のポイント

1　学校の雰囲気づくりとしての講話

①　直接、児童生徒に語りかける場

全校集会や行事、儀式における挨拶等、校長として直接、児童生徒に話をする機会は多くあります。講話は、学校経営方針に基づき、学校が大切にしていることを直接伝える場であり、児童生徒が考えを深めるための大切な場でもあります。小学校の場合は一年生から六年生と発達段階も幅広く、また、多様な児童が在籍しています。それらの状況をよく把握した上で、話す内容を吟味し、伝え方を工夫して、心に届く講話を心がけたいものです。

②　教員の学級経営や授業との連動

児童生徒ばかりではなく、教員も校長講話を聞いています。教員が、その講話を学級経営や授業の取組につなげていくことを意識して、計画的に内容を考えるようにします。伝えたい内容は多くありますが、自校の現状を見極めながら、タイミングよく、ポイントを絞って講話をするようにします。

学校の出来事から発展させる内容や、時期の節目に気持ちを新たにする内容、地域の一員として考えを深める内容、時事問題や社会情勢等から自身の考えをもてるようにする内容等、話のねらいは様々ですが、効果的に学校全体に広げていくには、タイムリーな話題をどのような視点で話すか考えて内容を選びます。本書の事例にあるように、同じ話題でも話の切り口が変わると、考えさせたいことも変わってきます。講話を、児童生徒がどのように捉えたのかという、教員からの反応も楽しみです。

2　講話をする際のポイント

①　コロナ禍における集会の在り方の変化

このコロナ禍で、集会の在り方が随分変化しました。それまで、全校一堂に集まって話を聞くということが当然でしたが、今では、多くの学校が放送や映像を通じて話を聞くスタイルを取り入れています。また、以前は、対面して児童生徒の反応を確認しながら話せていたことができなくなりました。その分、話す内容や話声の調整、視覚化等について、これまで以上に配慮する必要が出てきています。

②　一年生から六年生までに伝える難しさ

全校児童に対して話す場合、全員に分かるように話すことが大切です。高学年に向けて話してしまうと、低学年は理解できません。逆に、低学年ばかり意識してしまうと、話に厚みが出てこなくなることもあります。児童に考えさせたい内容について、具体的な事柄を身近なことに関連付けながら、全学年を意識して話を構成していきます。

③　話の要点の提示

全体に向けて話す場合、聞いている側にも様々な児童生徒がいます。注意集中が持続しない、聴力が弱い、理解力が十分ではない、日本語の取得が不十分、体幹が弱くてじっとしていられない……。時間配分を考慮しつつ、話の要点を視覚化することも大切です。聴覚障害のある児童生徒が在籍している場合は、要約筆記や手話通訳等を導入すると思いますが、聴覚障害がなくても、話を聞いているだけでは頭に残らない児童生徒もいます。話の要点だけでも紙に書いて見せたり、最近ではＩＣＴ機器を活用したりするなどして、話の要点を視覚化するようにします。

④　ＩＣＴの活用

ＧＩＧＡスクール構想により、ＩＣＴ機器が様々に活用されるようになりました。授業だけではなく、校長講話にも効果的な活用が望まれます。特に、画面越しに話す場合、児童生徒からすると画面という平面を見ているため、話し手としては、身振りを大きめにしたり、対面しているとき以上に声のメリハリに配慮したりする必要があります。また、話の要点を視覚化するだけではなく、ＩＣＴ機器により映像を活用したり、児童生徒の声を瞬時に反映したりすることが可能となり、興味をもって講話を聴くための工夫が、今後期待されます。

二　今、なぜ「多様性の尊重」が大切なのか

1　学習指導要領では

学習指導要領の前文の中に、次のように示されています。

> これからの学校には、こうした教育の目的及び目標の達成を目指しつつ、一人一人の児童が、自分のよさや可能性を認識するとともに、あらゆる他者を価値のある存在として尊重し、多様な人々と協働しながら様々な社会的変化を乗り越え、豊かな人生を切り拓き、持続可能な社会の創り手となることができるようにすることが求められる。このために必要な教育の在り方を具体化するのが、各学校において教育の内容等を組織

的かつ計画的に組み立てた教育課程である。

現行の学習指導要領から前文が設けられ、育成を目指す姿について記載されました。これからの学校は、今まで以上に、多様な人々と協働しながら新たな社会の創り手となることが求められています。

総則には、発達の支援として、障害のある児童生徒、海外からの帰国や日本語の習得に困難のある児童生徒、不登校児童生徒などへの指導や配慮事項についても示されています。一人一人に対する配慮や指導を充実させていくには、対象となる児童生徒への対応だけではなく、全校で、多様な人々の存在を認め、尊重し合う機運を醸成していくことも、合わせて大切なことです。

2　「『令和の日本型学校教育』の構築を目指して」では

学習指導要領の公示以降、学校教育の情報化が急速に進展しました。また、新型コロナウイルス感染症の感染拡大により、学校は甚大な影響を受けました。このような状況を踏まえ、令和三年一月に、中央教育審議会から「『令和の日本型学校教育』の構築を目指して～全ての子供たちの可能性を引き出す、個別最適な学びと、協働的な学びの実現～」が答申として示されました。学習指導要領において示された資質・能力の育成を着実に進めることが重要であり、そのためには新たに学校における基盤的なツールとなるＩＣＴも最大限活用しながら、多様な子供たちを誰一人取り残すことなく育成する「個別最適な学び」と、子供たちの多様な個性を最大限に生かす「協働的な学び」の一体的な充実を図ることが求められるとされています。

この中で、今日の学校教育が直面している課題の一つとして、特別支援教育を受ける児童生徒の増加、特定分野に特異な才能のある児童生徒の存在、外国人児童生徒や日本語指導を必要とする児童生徒の増加、貧困状態にある児童生徒の増加、不登校児童生徒の増加など、「子供たちの多様化」が挙げられています。このような中で、学校は、全ての子供たちが安心して楽しく通える魅力ある環境であることや、これまで以上に福祉的な役割や居場所としての機能を担うことが求められています。

答申では、「子供たちの多様化」を様々な課題から捉えています。子供たちの周囲には、育ってきた生活環境や習慣の違い、嗜好や考え方の違い等があり、その違いは多様化しています。自校の多様化の現状を捉えた上で、それぞれに応じた「個別最適な学び」を進め、更には、互いが尊重し合いながら力を合わせていく「協働的な学び」を充実させていく必要があります。

3　東京2020オリンピック・パラリンピックのレガシーとして

令和三年に開催された東京２０２０オリンピック・パラリンピックの大会ビジョンでは、三つの基本コンセプトが掲げられ、その一つが「多様性と調和」でした。これは、人種、肌の色、性別、性的指向、言語、宗教、政治、障害の有無など、あらゆる面での違いを肯定し、自然に受け入れ、互いに認め合うことで社会は進歩する、という考えであり、世界中の人々が多様性と調和の重要性を改めて認識し、共生社会を育む契機となるような大会とする、という思いが込められていました。

大会終了後の日本財団の意識調査によると、大会前と比較して、日本社会全体における社会的マイノリティへの偏見・差別の減少や、個人におけるダイバーシティ（多様性）やインクルージョン（包含する・生かし合う）への理解が進んでいることが明らかになっています。特に、パラリンピックは、その理解や支持に大きな役割を果たしたとされています。調査結果では、年代や地域による差が見られ、今後の長期的な取組として、様々なかたちで社会的マイノリティとの接点をより多くつくること、学校教育で多様性や社会的マイノリティに関する教育をより充実させていくことの重要性などが指摘されています。

大会のレガシーとして、「障害の有無にかかわらず互いを尊重し支え合う共生社会の実現」といった目標が掲げられています。東京2020オリンピック・パラリンピックを開催した誇りとともに、「多様性と調和」に込められた思いを、無形のレガシーとして、学校教育の中でも継承していきたいものです。

4 「新しい時代の特別支援教育の在り方に関する有識者会議　報告」では

このように、東京2020オリンピック・パラリンピックを通して、多様性の中でも、障害の有無について取り上げられることが多くありました。そこで、特別支援教育に関する方向性を示す動向を記述しておきます。

『令和の日本型学校教育』の構築を目指して」の答申が示される際に、「新しい時代の特別支援教育の在り方に関する有識者会議」が設置され、同じく令和三年一月に報告書が示されました。この報告書の内容が、『令和の日本型学校教育』の構築を目指して」に生かされています。この報告書では、次のように示されています。

> 特別支援教育については、共生社会の形成に向けて、障害者の権利に関する条約に基づくインクルーシブ教育システムの理念を構築することを旨として行われることが重要であり、また、障害を理由とする差別の解消の推進に関する法律（以下「障害者差別解消法」という。）や、今般の高齢者、障害者等の移動等の円滑化の促進に関する法律（以下「バリアフリー法」という。）の改正も踏まえ、全ての子供たちが適切な教育を受け

られる環境を整備することが重要である。

インクルーシブ教育システムにおいては、障害のある子供と障害のない子供が可能な限り同じ場で共に学ぶことを追求するとともに、障害のある子供の自立と社会参加を見据え、一人一人の教育的ニーズに最も的確に応える指導を提供できるよう、多様で柔軟な仕組みを整備することが重要である。


多様化の中でも、障害のある子供については、特別支援教育として各学校が取り組んでいます。この障害という視点では、今後も、障害のある子供と障害のない子供が、可能な限り同じ場で共に学ぶ共生社会へと移行していきます。その際には、障害のない子供の障害に対する理解を深めていくことが重要です。障害を理解することから、障害があっても一人一人異なり、互いに尊重し合う存在であることに気付くことができるようにしたいものです。それらのことが「『合理的配慮』の提供」や「『個別最適な学び』のための個別配慮」などの進展につながっていくと考えられます。

5 「障害者権利条約」の発効から八年、国連の審査を受けて

「障害者の権利に関する条約」、いわゆる「障害者権利条約」は、日本では、平成二六年一月に批准され、二月に発効されました。国内では、この条約の締結をめぐって、障害当事者等の意見も踏まえながら、国内法の整備をはじめとする諸改革が進められ、法制度整備が行われました。

「障害者権利条約」は、障害者の人権や基本的自由の享有を確保し、障害者の固有の尊厳の尊重を促進するため、障害者の権利の実現のための措置等を規定し、市民的・政治的権利、教育・保健・労働・雇用の権利、社会保障、

余暇活動へのアクセスなど、様々な分野における取組を締約国に対して求めています。

その後、政府報告が国連の障害者権利委員会に提出され、国際的に審査されます。すでに、この報告がなされており、審査の結果が公表されています。特別支援教育の進展やインクルーシブ教育システムの構築等もこれらの条約の締結に向けた一連の動きの中にあり、この審査結果を受け、更に共生社会に向けた取組が進むことと思われます。このような動向にも注目したいものです。

三 「多様性」をどのように捉えるか

多様性を尊重した共生社会の形成に向けて、各学校では様々な取組が行われており、「多様性」について考えていくにも、様々な切り口があります。

1 人権教育の視点で

「人権」とは「全ての人々が生命と自由を確保し、それぞれの幸福を追求する権利」、あるいは「人間が人間らしく生きる権利で、生まれながらにもつ権利」です。分かりやすく言えば、「命を大切にすること」「みんなと仲よくすること」です。人権に関わる課題として、「女性」「子供」「高齢者」「障害のある人」「同和問題」「外国人」「性的指向」等が挙げられます。学校では、人権課題についての理解と認識を深めるとともに、人権教育の推進を大きな柱としています。様々な人権課題に関わる差別や偏見を解消し、豊かな社会の実現を目指していくための取組として推進していくことができます。

2　道徳教育の視点で

道徳教育は、子供が人間としての在り方を自覚し、人生をよりよく生きるために、その基盤となる道徳性を育成しようとするものです。学習指導要領では、道徳性を、A主として自分自身に関すること、B主として他の人との関わりに関すること、C主として集団や社会との関わりに関すること、D主として生命や自然、崇高なものとの関わりに関すること、の四つの視点から分類整理し、指導の内容項目が示されています。学校では、子供たちが生命を大切にする心や他人を思いやる心、善悪の判断などの規範意識等の道徳性を身に付けるために、道徳教育を充実させることが重要です。授業としての道徳科の時間だけではなく、学校全般の教育活動の中で、身に付けるべき道徳性として、四つの指導内容項目に関連させながら、多様性の尊重について考えていく工夫もできます。

3　自己理解、他者理解を基盤に

前述した学習指導要領の前文に、「一人一人の児童が、自分のよさや可能性を認識するとともに、あらゆる他者を価値のある存在として尊重し（後略）」と示されています。特別活動の学級活動について、学習指導要領の中に「学級や学校の生活において互いのよさを見付け、違いを尊重し合い、仲よくしたり信頼し合ったりして生活すること」と示されています。学級集団の中で、自己理解を深め、自分のよさに気付き、自己肯定感を高めることは、他者理解を深め、自分とは異なる個性を理解し、その違いを尊重し合うことにつながります。多様性を尊重する子供を育成していく基盤には、自己理解の深まりや他者理解への広がりが重要です。

4　身近な地域から社会へと関心が広がる中で

自分から他者へと考え方が広がった子供たちは、自分たちが居住している身近な地域へと関心が広がります。小学校では、二、三年生が、授業で地域巡りや町探検を実施し、その際、地域には多様な人々が住んでいることに気付きます。更に、学年が上がるにつれ、社会へと関心が広がっていきます。高学年では、環境問題やＳＤＧｓに関する取組として、課題解決学習等を行います。その中で、国内ばかりではなく国外でも多様な人々が多様な考え方をしていることに気付いていきます。前述した自己理解や他者理解の上に立ち、更には、発達段階に応じて、身近な地域から社会へと意識を向け、多様性について考える機会を計画的に設けたいものです。

5　障害者理解から様々な立場の人への理解

通常の学級内には、発達障害のある子供や、診断はされていなくともその傾向のある子供が在籍しています。また、多様な学びの場として設置されている学校内の特別支援学級や、地域内の特別支援学校で学んでいる子供もいます。これらの子供たちに関して、どのように理解を進めていくかは、学校内の状況や、保護者や本人の考え方により、個々に異なります。当事者の意向を尊重しながら、十分に配慮した上で進めていかなければなりません。障害に関してばかりではなく、外国にルーツをもつ人々や、性差、年齢など、様々な違いがあります。その多様性を包括した共生社会を子供たちは生きていきます。東京２０２０パラリンピックを経験し、障害者理解を通して多くのことを学んできました。今後は、その学びを更に、自分とは異なる文化や考え方の人たちに対する理解へと広げ、様々な人々と互いに尊重し合い、智恵を出し合って共生していく必要があります。

子供たちは成長する過程において、様々な体験を積んでいます。それが単なる体験に終始するのではなく、考えを深めることにより、「体験」を「経験」に変えていくことが必要です。多様性を尊重する共生社会を目指した校長講話を考えていきたいものです。

と

子供が多様性について考える講話72

校長講話

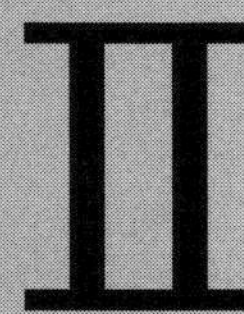

個性の伸長

長所と短所は裏返し

新年度が始まって、新しいクラスに慣れましたか？　お友達もたくさんできたことでしょう。クラスではきっと自己紹介もしましたね。お友達の知らなかった面をいろいろと知ることができて、「えーっ」と驚くことがあったり、「自分と似てるなー」と思ったりすることもあったと思います。

さて、ここで質問ですが、新しいクラスの中でお友達の「ここがいいところ」というのを、どのくらい探せましたか？　ちょっと仲のいいお友達一人を思い浮かべてください。「いいところ」、難しく言ったら「長所」ということになりますが、いくつ思い付きますか？

では、あまり仲がよくはない人、ちょっと苦手だなと思っている人を思い浮かべてください。「嫌なところ」、難しく言ったら「短所」となるかもしれませんが、いくつ思い付きますか？

この「長所」と「短所」というのは、よくよく考えてみると、あら不思議、「長所」が「短所」にもなるし、「短所」は「長所」にもなります。

お友達の「短所」として見てしまうこと、例えば、「自分勝手な人だな」と思うようなとき、よくよく考えてみると、他人に流されず「自分のペースを守る人」と「長所」に見方が変わる場合があります。

また、「いつも威張って仕切る人だな」と思っていても、クラスで何か困ったときに「リーダーシップを発揮する人」となり、みんなをまとめてくれたりすることもありますね。

もう少し考えてみましょうか。

「自分の意見をはっきり言わない人」については、見方を変えるとどうですか？「周りのことを考える優しい人」とか「慎重に行動する人」とか……皆さん、どのように考えましたか？

逆に、「長所」と思える点が、「短所」になることもありますね。例えば、「大らかな人だな」と思って仲よくしていたら、「いい加減なところがある人」と気になり出したり、「元気がよくて楽しい人だな」と思っていたけれど、付き合ううちに、「暑苦しい人」に変わっていったりすることもあるのではないでしょうか。

この「長所」と「短所」、お友達の「好きなところ」「苦手なところ」を考えていくと、たくさんの面が見えてきます。自分と似ている人、全く性格が反対の人……すぐに仲よくなれる人も、なかなか馴染めない人もいろいろいます。

でも、今話したように、ある人の一面も、見方を変えることで変わってきます。新たな学年になって、新たな人と同じクラスになりました。まずは、クラスのお友達の「長所」「短所」を決め付けるのではなく、見方を変えると仲よくなれる人がたくさん増えると思います。いろいろな人がいることを知ってください。

と

個性の伸長

「背が高いね！」と言われて

先週、ある子と話をしていたときに、

「校長先生、すっごい背が高いね！」

と言われました。校長先生は、一八〇センチメートルあります。本当に高いよね。みんなも、そう思っているでしょう。

「背が高いですね」って、よく言われます。「背が高い」ならまだよくて、ときには「デカッ！」なんて言われることもあります。

校長先生は、小さい頃から、クラスの中で背が高くて細くって、そのことが気になって嫌でした。なんだか自分だけ目立っているんじゃないかなあ、自分だけ違うんじゃないかなあ、変に思われていないかなあ、って思うことがよくありました。

だから、背が高いこと、「背が高いね」って言われることが、嬉しいことではありませんでした。

もちろん、話しかけてくれたお友達は、意地悪で言ってきたんじゃないんですけどね。

背が高い人がいれば、低い人もいます。やせている人がいれば、太っている人もいます。色が白い人、浅黒い人。目が大きい人、細い人、メガネを掛けている人。鼻が、足が、髪の毛が……。いろいろと違うことがあって、いろいろな人がいますよね。

そして誰でも、「もう少し背が高かったらなあ」とか、「目が大きかったらなあ」とか、いろいろ考えることがあると思います。

でも、身体のことって、自分がどう思っても、人にどう言われても、変えたりすることができないことですね。だから、身体のことなどを何も考えずにお友達に言ったりしないように気を付けたほうがいいですね。もちろん、からかったりすることは絶対にいけません。

想像してみてください。

三〇人、四〇人いる自分たちのクラスで、自分も友達も、みんなが同じ背の高さで、同じような目をしていて、同じような顔で、同じ髪形をしていたら……。

変な感じがするよね。

教室に戻ったら、クラスの友達を見回してみてください。

一人一人、みんな違う、いい顔が並んでいます。

そして、あなたも、一人だけのいい顔です。

宣

個性の伸長

運動会は好きですか？

皆さんは、学校の様々な行事の中で、一番楽しみにしているのは、何ですか？　また、嫌だなと憂鬱になる行事は何でしょうか？　思い浮かべてみてください。今、皆さんが思い浮かべたものの中に、おそらく「運動会」が入っているのではないかと先生は思いますが、どうですか？

運動会を楽しみにしている人は、きっと運動が好きだったり、得意だったりする人でしょう。また、お祭りのように、たくさんの友達と一緒に活動するのが好きな人も運動会は楽しみな行事ですね。でも反対に、運動が苦手、嫌いと思っている人や、いつもの落ち着いた学校生活が好きな人は、運動会の練習が始まると「ああ、今日も運動会の練習があるのか」と考え、朝から学校に来るのも嫌になってしまうこともあると思います。そういう人たちにとっては、運動会なんてなくなればいいのに、と思いますよね。

学校行事だけでなく、普段の授業でも、教科によって楽しいと感じている人もいれば、嫌だなあと感じている人もいます。そして、そうした感じ方の違いは、生活の様々な場面で見られます。一枚の絵をクラス全員で見たとき。言葉では「きれいな絵」とか「楽しそうな絵」などと表現するかもしれません。でも心で感じるものは、みな同じようで違うのです。友達や先生からの言葉も、人によって感じ方が違います。だから、人によっては、「そんなつもりはなかったのに」とトラブルの原因にもなったりします。受け取る相手が違えば、感じ方はみんな違うと考えることが大切です。

では、皆さんが全て同じ考え方や感じ方をしていたらどうでしょう？　学級会を想像してみてください。皆さんの学級会では、いつもたくさんの意見が出ますね。そして、その意見に賛成の人もいれば、反対の意見の人もいて、互いの意見を聞きながら、ときには自分の考えを変えて、相手の意見に合わせることもあるでしょう。

それは、自分とは違う見方や考え方のできる友達がいるからできることです。そこで、皆さんは、自分の視野を広げることもできているのです。これが、みんな同じだったら……まず、話し合う必要がないので、学級会をする意味がなくなってしまいます。なんだか寂しい気がしますね。いろんな意見が出るから盛り上がる学級会、ときには、自分の意見が通らず、悔しい思いをすることもあるかもしれませんが、そうした経験は皆さんが社会に出たときに大いに役立つはずです。

人間は、自分の人生の中で出会ったことのない個性と出会うと、その人が何を考え、どんな行動を取るか予測するのが難しいので、不安に感じて自分から遠ざけようとすることがあります。でも、一人一人の違いや個性は、その人そのものです。その違いを認め合い、尊重することは、自分にないものを埋めてくれる宝物で、自分を成長させることにつながります。

そういう人と出会ったときこそ皆さんが成長するチャンスです。じっくりとその人の声に耳を傾け、何を考えているのか、どんなことを大切にしているのか、どんなものの見方をしているのかなど、その人を知るために積極的にコミュニケーションを取ってみてください。違いの中にこそ新しい価値を見いだすことができます。自分と違った個性をもつ人との出会いは、皆さんの人生や生活を変える出会いになるかもしれません。

タ

個性の伸長

俳句の査定ランキングから

校長先生には今、お気に入りのテレビ番組があります。

それは、出演する芸能人たちが、いろいろな芸術作品づくりに挑戦して、その出来栄えを評価し合ったり、ランキングにしたりしていく番組です。

その中に「俳句の査定ランキング」というコーナーがあって、毎回楽しみにしています。

「俳句の査定ランキング」では、毎回お題となる一枚の写真が登場します。

季節感のある写真や、何かのイベントの写真もありますが、多くの写真は、私たちの日常生活で、普段誰もが目にする、何気ない場面や情景なのです。その写真から感じたイメージを、どんな思いにして一七音の文字で俳句にしていくのか。それがこのコーナーの見どころです。

「同じ写真だから、同じような俳句になるんじゃないかなあ」と思いますが、でもびっくり！

出演者の方々がつくる俳句は、実にバラエティに富んだものでした。

同じ写真と向き合っても、作者一人一人に「その人なり」の感じ方、着眼点があるのです。

一人一人の実体験や感じ方があり、一七音の作品をつくるプロセスは人それぞれです。一人一人が違う。だからこそ、個性豊かな作品が生み出されるのかもしれません。

「査定ランキング」というからには、当然俳句の先生からの評価があります。技術の面では、ときに厳しい評価を受けることはあります。でも、すばらしいなあと思っていることがあります。

それは、俳句の先生が一つ一つの作品に込められた作者の思い、「その人らしさ」をきちんと認め、尊重していることです。言い換えれば、一人一人の個性を大切にしている、ということでしょうか。

言葉の使い方や、言葉の順序などを添削しながら、作者の思いを改めて共有していきます。そして、作者が感じたことや言いたかったことがより伝わりやすくなるようにしていきます。

「あなたの言いたかったことは、こういうことだよね?」と声をかけられ、嬉しそうに微笑む作者の姿がすてきです。テレビの一番組の話ですが、一人一人の違いや個性を尊重することのよさを感じたので紹介したいなと思ったのです。

「個性って何だろう?」というと、少し難しい感じがするかな?　人にはそれぞれ「その人らしさ」があり、当たり前ですが、みんな違います。ときに「周りと違うこと」に不安を感じることがあるかもしれません。でも、「違い」があるから社会は豊かなのです。「違い」があるから新しい気付きや発見があり、喜びがあるのだと思っています。

これからもみんなで一緒に考えていこうね。

徹

個性の伸長

「ドラえもん」の声

今日は一人一人がもっている個性についてのお話をしたいと思います。

今日こうやって皆さんの前でお話をしている校長先生ですが、当然隣の副校長先生とは違う人です。身長や体重が違いますので、見た目も違います。副校長先生はサッカーをやっていたので、運動神経がいいですが、校長先生はそれほど運動神経がいいほうではありません。運動神経がいい人をうらやましいとは思いますが、みんなと一緒にドッジボールや鬼ごっこを楽しくできるので、校長先生は今の自分でいいと思っています。

皆さんは一人一人みんな違うのです。世界でただ一人のかけがえのない自分なのです。ここにいるAさん、Bさん、Cさん、誰も彼もが磨けば光る力をもっています。英語ではそれを「ギフト」というそうです。人には一人一人違うギフトが与えられているのです。

そうは校長先生が言っても、自分は、ほかの人と比べて、できないことが多くて自信がないと思っている人がいるかもしれません。しかし、自分が赤ちゃんだった頃のことを考えてみましょう。産まれたばかりのときには、たぶん泣くことはできても、自分一人でご飯を食べたり、トイレに行けたりした人は誰もいなかったはずです。お家の人にお世話をしてもらっているうちに、それぞれいろいろなことができるようになって、今の皆さんがいると思います。みんな自分のペースで成長してきているのです。

大事なことは、他人と比べて考えるのではなく、自分のもっているよさに気付き、その自分を大事にしていくことです。

「ドラえもん」の声を以前担当した声優さんに大山のぶ代さんという人がいます。「ドラえもん」の古いDVDを見たときに声を聞いた人がいるかもしれせん。とても特徴的な声だったので、子供の頃にいじめを受け、引っ込み思案になっていた時期があったそうです。

しかし、その引け目を自分で乗り越え、中学校に入ってからは放送研究部に入ってアナウンスをやったり、演劇部に入って舞台をやったりして努力をしているうちに、特徴的な声が認められ、ドラえもんの声を二六年間も担当するまでになりました。

皆さんも大山さんのように自分のよさを大切にして、がんばっていくようにしてください。

勝

個性の伸長

コンプレックスを武器に替えて

皆さんは今、自分が好きですか？

「もちろん大好き！」という人、すてきです。しかし、もしかしたら、「自分なんて好きじゃない」「〇〇さんみたいならよかった」「もっと背が高かったら」「成績がよかったら」「足が速かったら」……と、誰かと比べて、自分に自信がもてない人が大半なのではないでしょうか。

誰かと比べて自分はだめだなあと思う気持ちを「劣等感」や「コンプレックス」といいます。劣等感から自分を好きになれないという人は、大人でも少なくないようです。

でも、忘れないでください。皆さんはこの世でたった一人の存在です。皆さんがほかの誰かになることができないように、ほかの誰かが皆さんになることもできないのです。皆さんの代わりは、世界中どこを探してもいないのです。

世界的に活躍するモデル、冨永愛さんを知っていますか？　一流デザイナーのファッションショーでさっそうと服を着こなしたり、ファッション誌の表紙を飾ったりというモデルの仕事だけでなく、最近ではテレビドラマなどに俳優として出演したり、バラエティ番組で気さくな姿を見せたりしています。知っている人も多いでしょう。

こんなにかっこいい冨永さんですが、小学生のときは劣等感でいっぱいだったそうです。クラスで飛び抜けて背が高かったために、「宇宙人」というあだ名まで付けられて、いじめられたとか。背が高いことがコンプレックスになったのですね。

中学に入ると身長は一七五センチメートルを超え、男子よりも背が高かったために、いじめはさらにひどくなります。それだけでなく、複雑な家庭環境もあり、やけになることもあったようです。

しかし、からかいやいじめの対象となった、飛び抜けた背の高さや手足の長さを生かせる職業がありました。そう、モデルです。冨永さんはつらい日々の中でも、「自分を好きになりたい」「自信をもちたい」という思いで、ファッション関係の番組や冊子を見ることを欠かさなかったそうです。

そして、お姉さんのすすめで応募したファッション誌のモデルに合格したことをきっかけに、見事コンプレックスだったことを武器に替えて、冨永さんは世界へ羽ばたいたのでした。

「百点満点の人なんていないし、向いていないこと、できないことがあるのは当たり前。でも、自分にはできることがある。そうやって自分を知ることによって、自分を認めることができるのかもしれない」

冨永さんの言葉です。

皆さんも、自分のただ一つの命を、他の誰よりも皆さん自身が、大事に守り、育み、輝かせてください。そうすれば、きっと、自分自身を大好きになるでしょう。そして、自分を愛おしみ、大切にする人は、同じように世界でたった一つの命である友達や周囲の人に対しても、敬意と思いやりをもてるようになるでしょう。

今日より明日、明日より明後日の自分が少しでもすてきであるように、自分を磨いていきましょう。

瑞

個性の伸長

みんなちがって、みんないい

「みんな違って、みんないいんだから、じぶんがいいと思ったことをしていいはずだ！」と、大きな声で言った友達がいました。それは、授業中、椅子をゆらゆらと倒しているのを、後ろの席の友達から注意されて、言い返した言葉です。

この言葉は、金子みすゞさんの「わたしと小鳥とすずと」という詩にある言葉です。その詩を読んでみます。

わたしが両手をひろげても、／お空はちっともとべないが、
とべる小鳥はわたしのように、／地面（じべた）をはやくは走れない。
わたしがからだをゆすっても、／きれいな音はでないけど、
あの鳴るすずはわたしのように／たくさんなうたは知らないよ。
すずと、小鳥と、それからわたし、／みんなちがって、みんないい。

詩を読めば分かりますが、最初のお友達のように、自分さえよければ何でもいいということではなく、それぞ

れによさがあるので、そのよさを大切にしていこうという意味の詩です。

なぜ、この言葉の意味を間違えたのでしょうか？

それは、詩の意味を理解していない、詩に込められた思いを知らないからだと思いました。

金子みすゞさんは、山口県長門市仙崎に生まれました。仙崎は漁師の村で、漁業で大変にぎわった時期もありました。そうした地域に育ったことから、命の大切さを表し、弱いものや小さいものへの優しく温かい気持ちを表現した詩をたくさんつくりました。

中でも、「大漁」という詩から、私は大きな衝撃を受けました。

漁港はイワシの大漁で大喜びしている様子です。その様子を見ながら、海の中のイワシの仲間の悲しみに思いを馳せることができるみすゞさんの感性に、驚きを隠せませんでした。大漁だったことは、みすゞさんも嬉しいことだったはずです。にもかかわらず、全く違う立場からも同じ出来事を捉え、その立場の者たちへの思いを広げられることは、すばらしい想像力と生命への畏敬の念だと思います。

詩では、人間と魚の関係を表現していますが、日常の生活の中でも同じようなことがあると思います。例えば、あなたが試合で勝って大喜びしているとき、負けた相手は自分の失敗を悔やんだり、練習が生かされなかったと空しく思ったりしているかもしれません。そうした相手への思いやりをもつことができれば、自分勝手な思いを周りに押し付けるようなことはしないと思います。

「みんなちがって、みんないい」は、たくさんの生命を大切に思い、慈しんだみすゞさんが、自分のよさを大切にすること、そのよさを伸ばしていくことだけでなく、周りの人のよさや思いも受け止めていくことを伝えようとしていることを、改めて知っておいてほしいと思います。

麻

個性を輝かせるには

皆さんは、「個性」という言葉を聞いたことがありますか？　個性とは、一人一人の特徴や性格的なことと言われているようです。一人一人、顔や体格、考え方が違うので、一人一人を大切にすることが個性を尊重することであると言えると思います。

皆さんは、「自分のよいところはどんなところですか？」と尋ねられたら、どんなことを答えますか？「元気なところ」「足が速いこと」「誰とでも仲よくできること」「決めたことは最後までやり通すこと」など、よいと思うことがあるのは、とてもすてきなことです。

でも、反対に「いいところがないなあ」「友達とお話することが苦手だなあ」「絵を描くことが好きだけど、かけっこは苦手だなあ」と、自分のあまり得意でないことばかりが気になってしまう人も多くいるように思います。常に「できる」「できない」で考えてしまい、大切な何かを忘れてしまうような気がします。

個性の話から少し離れてしまいますが、国際比較の調査において、日本の高校生は「自分はダメな人間だと思うことがある」（とてもそう思う、まあそう思う）と答えた子供の割合が、日本、アメリカ、中国、韓国の中で最も多くいたそうです。この調査は平成の終わりの頃に行われたものです。令和の時代になり、この傾向は少し変わってきているのでしょうか?

常に自分と他人とを比較して、できる・できないということばかりを気にすると、自分に自信がなくなりやすいと言われています。でも、最近では、学校生活の様々な場面で、友達のよさや可能性を見付ける取組が多く行われるようになってきています。

協力して何かを成し遂げることは、決して簡単なことではありません。互いの意見や主張の違いがあり、なかなかうまくまとまらないことも多くあるはずです。しかし、こうした経験をすることで、互いのよさや可能性に気付き、更に、自分自身のよさや可能性を初めて知り、少しずつ自信がもてるようになるようです。

また、地域の方や下級生や上級生といろいろな体験をすることで、自分のよさや個性を見付けることができ、友達からもそのことを称賛されることで、より自信がもてるようになるという好循環が生まれていることは大変よいことと思います。

皆さんに身に付けてほしいことは、適切に自分を認めることです。自分の得意・苦手、好き・嫌いを自分自身で考え、何かをやろうとして目標を立てるときに、どうやったらよいか考える。仮に失敗しても、そのことでくよくよせずに、もう一度チャレンジしていく。こうしたことを繰り返して、人との違いや自分のよさを改めて認識していくことで、一人一人の個性が輝いてくると思います。そして、その個性は、ほかの誰かと似たところがあっても、全く同じということはありません。

あまり「個性」という言葉に振り回されずに、素直に自分自身の得意なことや苦手なことを考え、そしてそれで終わりにすることなく、常に前向きに進んでほしいと思います。そして、個性は一つではなく、成長するにしたがって変化してよいものであり、変化を受け入れることも大切な個性ではないでしょうか。

玲

個性の伸長

楽しいクラスの条件

今朝は、皆さん一人ずつに尋ねてみたいことについて、いくつかの質問をします。はじめに、あなたが大好きな人を二人、そっと心の中に思い浮かべてください。声には出さなくていいですよ。家族のことでもいいし、親戚の人、あるいは昔からお世話になっている人、あなたが大好きだと思う人なら誰でも大丈夫ですから、自分以外の人について二人、心に思い浮かべてください。

それでは、その二人のことについて、もう少し考えてみましょう。まず、どちらか一人の人について考えます。どちらか一人ですよ。さて、その人のことについて、もう少し詳しく思い浮かべますよ。その人のすてきなところは、どんなところですか？　その人がすてきなところは、誰にでも優しくて親切なところかな？　それとも、とっても力持ちなところですか？　あるいは、何でも知っている物知り博士なところかな？　どんなところがすてきなところですか？

今から、その人の一番すてきなところについて、皆さんに尋ねますよ。「優しくて親切」「力持ち」「物知り」……どれか一つだけ選んで目を閉じて、手を挙げます。手を挙げるのは、一回だけですよ。それでは、その場で全員、目を閉じてください。

尋ねます。その人がすてきなところは、誰にでも優しくて親切なところだよ、という人は、そのまま目を閉じたままで、そっと手を挙げてください。……はい、ありがとう。手を下ろしていいですよ。全員、まだ目を閉じたままですよ。その人のすてきなところは、とっても力持ちなところだという人は手を挙げてください。……ありがとう、手を下ろしていいです。それでは、何でも知っている物知りなところがすてきだよ、という人は手を挙げてください。……なるほど、ありがとう。手を下ろします。全員、目を開けてもらってかまいません。

ただいまの結果を発表します。なぜだか不思議なことに、結果は、ほぼ同点です。「優しい」「力持ち」「物知り」、それぞれに同じくらいの数だけ手が挙がっていました。続けて質問しますよ。もう一人の人のことも教えてください。今度は目を閉じなくてもいいです。

さっきとは逆の順で尋ねます。もう一人のすてきなところは、物知りなところだという人は手を挙げます。……ありがとう。力強いところだという人……はい。優しいところ、という人……ありがとう。どうですか、最初に尋ねた一人目と二人目では、それぞれにすてきなところが違ったという人もたくさんいることと思います。

では、最後の質問です。あなた自身のすてきなところは、「優しさ」「力強さ」「物知り」、どれに一番近いですか？　手は挙げなくて大丈夫です。一人目のすてきなところ、二人目のすてきなところ、そして三人目であるあなた、一人一人に違いがあり、それぞれに違うからこそ、お互いに相手のことが気になったり、ときには助け合ったりしながら生きているのが、私たち人間の社会です。

人それぞれの違いを「個性」といいます。クラスに三〇人の仲間がいれば、そこには三〇もの多様な個性があり、互いの違いを認め合えるすてきな集団となることができます。一人一人の個性を尊重し、多様性を大切にできる集団になることができたら、きっと楽しいクラスになることでしょう。

浩

価値観の受容

「一番の山」は？

校長先生は、身体を動かすことが大好きです。

いろいろなスポーツに親しんできましたが、その中でも登山、山登りが大好きで、ずっと続けています。

校長先生も年を取ってきたので、若い頃のように、毎週毎週ロープを持って、夜行列車に乗って山登り！　というわけにはいきませんが、大好きな山登りはこれからも続けていきたいです。

ところで、世界で一番標高が高い山を知っていますか？

八八四八メートルの「エベレスト（チョモランマ）」という山です。もちろん私は登ったことがありません。でも、願いが叶うのであれば、そのてっぺんに立ってみたいものです。

では、日本で一番標高が高い山は知っているかな？　三七七六メートルの「富士山」ですね。

日本にはそのほかにもたくさんの山があります。五九九メートルの「高尾山」はとても有名で、外国のガイドブックなどでも紹介されるほどです。一年中、多くの登山者が訪れています。

さて、数多くある山々の中で、どの山が一番なのでしょうか？

先ほど紹介したように、高さだけで言えば、富士山が日本で一番です。

でも、山のよさ、魅力って、高さだけではないのです。

麓から見える姿が美しい山。頂上からの景色がすてきな山。

頂上を目指すルートが充実している山。多くの人が訪れやすく、安心して登山ができる山。

いろいろな植物や生き物に出会える山……。

きっと登山者一人一人が、それぞれの価値観、つまり、自分が「いいなー」「大事にしたいなー」と思うことを通して、「自分なりの一番の山」を思い浮かべることでしょう。

山登りのスタイルや登り方も同じです。


校長先生は若い頃、誰よりも重たい荷物を背負って、岸壁や雪山など難しいルートを選んで、「少しでも早く頂上に行くぞ！」と思って登っていました。

でも、今は違います。

山それぞれに魅力があるように、登り方も人それぞれ。ゆっくり登るのもいいし、ロープウェイなどを使うのもいい。いろいろな楽しみ方があっていいんだなあ、と思うようになりました。

そのことに気が付いたお陰で、新しい発見や出会いを得ることができました。自分の山登りの楽しさが今まで以上に広がりました。

自分の価値観に気付き、大切に育てていくことはすてきです。同じように、様々な価値観に触れ、受け止めていくことも、自分の世界を広げ、豊かにするために大切ですね。

徹

価値観の受容

豊臣秀吉と千利休

今日は、歴史上の有名な人物、豊臣秀吉と千利休がお互いに一歩も譲らなかったために起きてしまった悲しい出来事を、はじめに紹介したいと思います。

豊臣秀吉は、有名な戦国武将です。すでに六年生は社会科の歴史でもお馴染みの人物ですね。秀吉は一五三七年生まれ、今から五〇〇年近く昔の人物です。織田信長の後を継いで、日本各地の有力な戦国大名にも勝ち、ついに天下を統一した武将ですから、その頃の日本で一番大きな力をもった人物です。

同じ時代の有名な人物に、千利休という商人がいます。利休は、茶道を究めた人物として、茶の世界では大変に有名な人で、たくさんの弟子もいました。しかし、最後には秀吉から切腹を命じられ、命を絶ってしまいます。

どうして、利休は秀吉からそこまで恨まれてしまったのでしょうか？　大昔のことなので、本当かどうかは分かりませんが、茶道具の色で意見が大きく対立したことから、利休は秀吉に憎まれていったという説があります。

天下の茶人である利休は黒色の茶碗が好きで、天下人の秀吉は赤色の茶碗が好きだったという有名な話があります。みんなに分かりやすいよう、ここからはなるべく簡単な言葉で話しますね。

黒い茶碗と赤い茶碗……あなたは、どちらの茶碗のほうが立派だと思いますか？　よく考えて、どちらか片方だけを選んでください。いいですか、それでは聞きますよ。黒い茶碗のほうが立派だと思う人は手を挙げてください。……なるほど、それでは、赤い茶碗のほうが立派だと思う人は手を挙げてください。どちらか片方の色に必ず手を挙げてください。もう一度だけ聞きます。黒だと思う人……ありがとう。赤の人……はい、半々に分かれましたね。

今、皆さんの好みが分かれたのと同じように、黒い茶碗を好む利休と赤い茶碗を好む秀吉は、どちらも自分の考えこそが正しいと思っていて、最後まで自分の意見を変えませんでした。黒を好む利休には、利休としての考え方があり、赤を好む秀吉にも秀吉の考え方があって、それぞれが違う色を選んだのです。つまり、利休にとって価値がある色は黒色であり、秀吉にとって価値がある色は赤色だったのです。

秀吉と利休は、それぞれに違う人生を生きてきた人なのですから、二人の価値観は違っていて当たり前です。この二人は、最後まで互いの価値観の違いを尊重することなく、対立してしまったために、最後には力のある秀吉によって利休は命を奪われてしまう結果となりました。

その時代から五〇〇年近く経ち、今は西暦二〇二三年です。残念ながら、価値観の違いを認め合うことができずに争いが起き、世界のどこかで戦争が続き、大切な命が失われています。そして、大切な家族を失った悲しみに暮れる人が今も増え続けています。

様々な価値観の違いを尊重することについて、これからの社会をつくる君たちだからこそ、よく考え、明るい未来に向かっていってほしいと思います。

浩

価値観の受容

ウォルト・ディズニーの見た夢

今日は皆さんと自分の価値観について考えてみることにしましょう。

今、皆さんが一番好きなことや大切にしていることは何でしょうか？　そして、そのことは皆さんが本当に好きなことで、やりたいことなのでしょうか？

一日は二四時間しかありません。そして、皆さんは「やらなければならない」ことがたくさんあると思います。勉強や毎日の生活、そして高学年になれば習い事も多くあるのではないでしょうか？　つまり、皆さんが「自分が一番好きで、やりたいこと」をやる時間はけっこう短いため、なかなかできない、思いどおりにいかないとなると、少しイライラするかもしれません。

では、「宿題をするのをやめて、やりたいことをしよう」「夜寝るのをやめて、やりたいゲームをしよう」ということにしたら、どうなってしまうでしょうか？　それはよくないことですね。限りある時間をうまく使って、自分のやりたいことや価値のあることをするためには、どのようにしたらよいのでしょうか？

皆さんは、ディズニーランドの生みの親、ウォルト・ディズニーを知っていますか？　彼は様々な分野で想像力を発揮し、世界中の人に夢と感動の体験を提供し続けました。

そんな彼がずっと大切にしてきたことは、積極的に未知の世界を探し、学ぶことの楽しさを若い人に届けるということだったそうです。今でこそ、誰もが知っているディズニーランドですが、最初の頃は誰もディズニーのもつ考えや価値観を理解できずにいたそうです。でも、常に新しい夢とアイディアをもち続け、諦めることなく自分の価値を追求していったのでしょう。とても大変なことだった思います。

ディズニーは、なぜこうしたことができたのでしょうか？　それはディズニーが自ら「未知の世界を探し、学ぶことの楽しさをみんなに届けたい、人々と一緒に笑いたい」といった確かな価値観をもっていたからでしょう。それは自分だけがよいということを超えて、多くの人と共に幸せになりたい、みんなのために役に立ちたいといった思いが強くあったからこそだと思います。

さて、もう一度考えてみてください。皆さんにとって一番大切なこと、つまり皆さんの価値観はどんなことでしょうか？　やりたいことや好きなことは自分だけのものでしょうか？

自分の価値観を考えるときに、このことは、自分にとって大切なことであるとともに、「ほかの人にとってはどうなのかな？」と考えることが大切です。それは自分自身を客観的に見ることになります。少し難しい言葉を使うと「メタ認知ができる」ということです、そして、大切なことや好きなことがたくさんある人は、なぜそのことが好きなのか、やりたいのかと、時々考えてみることも必要でしょう。

ここまで、皆さんがやりたいことを中心に考えてきましたが、ほかにも価値のあるものはたくさんあると思います。家族、友達、時間、大切にしているもの、そして皆さん自身の生き方。こうした価値あるものを大切にすることは、何より皆さん自身の価値観を明確にすることになります。人生の貴重な時間を有意義に過ごすために、ぜひ、皆さんの価値観を明確にしてみてください。

玲

価値観の受容

みんな大好きアンパンマン

今日はみんなが大好きなアンパンマンのお話をしたいと思います。

アンパンマンは、やなせたかしさんが一九七三年に絵本の中で描いたヒーローです。五〇年近く前に生み出されました。その頃のヒーローのイメージは、派手な格好をして、強い力、武器などを持ち、悪者や暴れる怪獣などをやっつけるというもので、代表的なヒーローとしてはウルトラマンや仮面ライダー、スーパー戦隊などでした。

しかし、アンパンマンの作者のやなせさんは、戦争中に心に浮かんだ本物の正義の味方を描こうと思い、今までのヒーローとは違い、お腹を空かせた人を救うために、自分の顔を食べさせるアンパンマンというヒーローを生み出しました。

「アンパンマン」という名前にしたのは、アンパンが安くて気軽に食べられる食べ物であり、また全ての人に馴染みがある食べ物だったからだそうです。今だったら、「ハンバーガーマン」という名前になっていたかもしれませんね。

本を出した最初の頃は、周りからの評判はあまりよくありませんでした。なぜなら、「顔を食べさせるなんて残酷」という意見がたくさんあったからです。やなせさんとしては、空腹に苦しむ人を救うために、顔でもいいので食べさせ、お腹をいっぱいにしてあげたいという思いだったのですが、見方によっては顔を食べさせることは残酷だと捉えられてしまったのです。

でも、やなせさんは「人生でいちばんつらいのは食べられないこと」という思いから、顔を食べさせるという設定は変えませんでした。空腹の者に顔の一部を与えることで力が半減することが分かっていても、目の前の人を見捨てはしない。また、たとえどんな敵が相手でも恐れない。弱点も多く、雨に濡れるとすぐに弱ってしまう。でも、ジャムおじさんやバタコさんに新しい顔を作ってもらうと力がよみがえってくる。そんなヒーローをつくり続けたのです。

大人には評判のよくなかったアンパンマンの絵本ですが、そのうち子供たちに大人気になっていきました。そうすると、大人にもアンパンマンのよさが認められるようになり、今では大人気のヒーローで、日本だけではなく、世界でも愛されるようになりました。

やなせさんは、どんなに否定されても、自分が大事だと思うことをずっと貫き通しました。皆さんも、たとえほかの人と考え方が違っていてもかまいません。自分が大事だと思っていることは貫くようにしていきましょう。そのことを認めてくれる人が、必ず出てくると思います。

勝

価値観の受容

目玉焼きには何をかける？

この前、仲よしの友達三人で旅行に行ったときの話です。一晩泊まって次の日の朝、高速道路のサービスエリアで朝ご飯を食べました。朝ご飯には目玉焼きがあったので、校長先生は、普通に、当たり前に、当然、お醤油をかけて食べ始めました。食べながら、ふと前に座っている友達のAさんを見ると、びっくり！　何と、Aさんは、目玉焼きにソースをかけているではありませんか。友達だけど、いえ、お友達だからこそ、これは一言注意してあげなければいけないと思って言いました。

「Aくん、目玉焼きにはお醤油でしょ。さわやかな朝から、そんな甘くてどろっとしたものをかけるもんじゃないよ」

するとAさんは、

「目玉焼きにパンなんだから、ソースでしょ。洋食なんだから。それに、醤油をかけても流れちゃうだけでしょ」

と言い返してきます。

そう言われてしまうと言い返すのが難しかったので、「そうだ、Bくんを味方につけよう」と思って、隣にいるBさんに話しかけようと見てみると……なんとBさんは目玉焼きにトマトケチャップをかけているではありませんか。

「えっ、ケチャップ？　トマトケチャップはありえないでしょ！」

と、今度はBさんに注意を始めました。すると、

「パンを一緒に食べるのに、醤油が一番おかしいよ。変だよ」

と、AさんとBさんが二人で言ってきます。

それからが大変。三人で、ああでもないこうでもない。醤油じゃない、ソースじゃない。君が間違ってる、間違っていない……。そのまま朝ご飯の間、目玉焼きに何をかけるかで言い合っていました。

さて、旅行はその後どうなったでしょう？


またみんなで車に乗って、楽しく旅を続けました。


仲のいい友達でも、家族でも、違うことってたくさんあるんですよね。好きなものも嫌いなものも違うんですね。自分では普通だと思っていたことが人とは違っていたりして、驚くこともあります。きっとみんなもそんな経験があるんじゃないですか？

たまにそれで言い合うこともあるかもしれない。だけど、仲よくできるんですよね。一人一人違うのが当たり前で、実際いろいろ違うけれど、仲よくできるんですね。

宣

さて、あなたは目玉焼きに何をかけますか？

価値観の受容

「推し」と「推し活」

この頃よく「おしかつ」という言葉を聞きます。漢字を当てると「推し活」。アイドルやキャラクターなど、自分のお気に入りを応援する活動のことだそうです。

例えば、人気アイドルグループのメンバーの一人が「推し」だとすると、そのメンバーの写真や動画、インタビュー記事などを集めたり、出演している映画やテレビ番組を漏れなくチェックして何度も鑑賞したり、各地で行われるコンサートへ足を運んだり……。あるいは、アニメのキャラクターが「推し」だとすれば、フィギュアやキャラクターグッズを買い集めたり、アニメの舞台になった土地を旅行で訪れたりと、ありとあらゆる方法で「推し」を応援し、その世界に浸ることに熱い情熱を注ぐのです。

中には、「推し活」のために、年間数十万円から数百万円もの多額のお金をつぎ込む人もいるのだとか。

しかしこの「推し活」、はたから見ると、なぜそこまでするのか、理解されないことも多いようです。皆さんなら、数十万円から数百万円のお金があったら何に使いますか？　小学生の皆さんには途方もないお金でしょう。大人なら、旅行をするという人もいれば、おしゃれにお金をかけたいという人もいるでしょう。ダンスのレッスンに使うという人もいれば、貯金して家を買うための資金にする、なんて人もいるかもしれません。ちなみに、私だったら、自動車を補強するための部品でしょうか。

人にはそれぞれ大切にしているもの、大事にしたいものがあります。何を大切にするかが基になって、様々な判断や決断をしています。「どんなものを大切にしたいか」「どんなものをよいと思うか」という人の感じ方、考え方を、難しい言葉で「価値観」といいます。

「推し活」や旅行にお金をかける人は、自分が楽しむことを大切に思っている人でしょう。何かのレッスンにお金をかける人は、自分磨きを大事にしているようです。家を買うために貯金するという人は、先を見通して自分が安心して暮らせる場所を求めているのでしょう。

それぞれの価値観に理由があり、どれがよいとか悪いとか、優れているとか劣っているとかいうものではありません。なぜなら、誰にとっても一度きりの人生だからです。ほかの人に迷惑をかけない範囲で、自分が幸せに、心豊かに暮らすために一生懸命になればよいのです。そして、自分の価値観と同じようにほかの人の価値観を認め、知ることは、やがて自分の世界も広げることでしょう。

私は、ついこの間まで「推し活」に今一つピンと来ていませんでした。しかし、とあるアイドルの「推し活」に燃えている人と出会い、その人があまりにも幸せそうに「推し」や「推し活」について語るのを聞いて、最近では「『推し活』もいいかも」と思うようになりました。

だって、それほど夢中になれることがあるって、すてきじゃないですか。

手始めに、今週はずっとテレビで気になっていた俳優さんの映画を観に行ってみようと思っています。もしかしたらそう遠くない未来、私も立派な「推し活女子」になっているかもしれません。そのときは、私の「推し」の話を聞いてもらえたら嬉しいです。

瑞

価値観の受容

五〇〇円を何に使う？

皆さんは「価値観」という言葉を聞いたことがありますか？「あの人と私は価値観が同じ」とか、「昨日出会った人とは価値観が合わない」といった感じで、価値観という言葉が使われることがあります。

では、「価値観」とはどういう意味なのでしょうか？　皆さんは分かりますか？　価値観とは、皆さんが何かを判断する、決めるときの基準となるものです。皆さん一人一人の中にある「ものさし」だと考えてみてください。

では、一つ皆さんに質問をします。皆さんは、お小遣いを五〇〇円もらって、好きなように使っていいと言われたらどうしますか？　ここに三つの選択肢を用意しました。自分の考えに近いものを選んでみてください。

①　なるべく早く好きなお菓子やジュースを買いたいので、家の近くのお店に行って使う。

②　五〇〇円でなるべく多くのものを買いたいので、家から離れた安売りのお店に行って使う。

③　今ほしいものは五〇〇円では買えないので、お金を使わずに貯金しておく。

さて、皆さんは何番を選んだでしょうか？　選んだ番号に手を挙げてください（①から③の順に挙手を求める）。

使い方はいろいろありますね。ここが価値観の違いが表れるところです。どれを選んでも間違いではありません。価値観に間違いはないのです。

でも、「貯金する」を選んだ人は、「すぐ使う」を選んだ人を「もったいないお金の使い方をする人だな」と思ったかもしれません。また、「すぐに近くのお店に行く」を選んだ人は、「遠くまで行く」を選んだ人を、「面倒くさいことするな」と思ったかもしれません。この違いは、その人が何かを判断し、行動するときに、何を大切にしているかを表しています。

さて、皆さんは、お金が一番大切ですか、それとも時間が大切ですか？　自分と違う価値観をもつ人に対しては「価値観が違う」と判断しますが、反対に、自分と同じように考えて行動する人に対しては「価値観が同じ」として、親近感や安心感をもちます。今も同じ番号に手を挙げた人がいて、ホッとしていませんか？　でも、もしここで別の質問をしたら、先ほどの質問で同じ選択肢を選んだ人が、自分と同じ選択肢をまた選ぶでしょうか？　答えは、同じ人もいるし違う人もいるはずです。

人は誰でも、何かを判断して行動するときに、自分の「価値観」を大切にしています。皆さんの近くにいる家族や友達、先生たちにも自分の「価値観」があります。その人たちと友好的な関係を築こうと思うのなら、その人たちが何を大切だと思っているかを知ることが必要です。それを知ることで、相手が大切にしていることやものを尊重することができますね。

皆さんが成長し、社会の一員として生活していく中で、多くの人たちとの出会いがあると思います。価値観は、その人が育った環境や出会ってきた人たちの影響を受けて、変わっていくものです。今日考えた五〇〇円の使い道も、これから皆さんが出会う様々な人たちの関わりの中で変わる可能性があるのです。自分と違う「価値観」を恐れたり、不安に思ったりして遠ざけるのではなく、ときに相手の価値観に興味をもち、合わせてみることで、自分の新たな一面を知ることができるかもしれません。

お年玉のもらい方・使い方

もうすぐ、冬休みです。冬休みの楽しみに、クリスマスのプレゼントや、お正月のお年玉がありますね。プレゼントで何をいただくのか、お年玉をどのように使うのか、楽しみですね。でも、このお年玉一つとっても、それぞれのお家で、かなり違いがあると思います。

この違いですが、人によって、いただく金額にも随分、差があることと思います。お正月に親戚が集まることになっている人は、たくさんの大人からいただくでしょう。また、特に親戚の人と会う予定はなく、お家の人だけからいただく人もいると思います。また、「うちは現金ではもらわないよ」という人もいます。そう考えると、お年玉一つとっても、各家庭によって様々ですね。

お小遣いのことになりますが、私が子供の頃は、一年生だったら一〇〇円、二年生だったら二〇〇円……というように、「一〇〇円×学年」という考え方の家庭が多く、ほとんどのお友達が同じような金額のお小遣いをもらっていました。使い方も、駄菓子や簡単なおもちゃ、くじ引きに使うなど、大体似たようなものでした。だから、「みんな、そのようなものだ」と、ほかの友達との違いを気にすることはあまりありませんでした。お年玉については、そんなに違いを感じていませんでした。

しかし、今はどうでしょう。お年玉のいただき方は様々だということを話しましたが、使い方も様々ですね。いただいたものを貯金して自分で管理するお家、自分でほしいものを買うお家、必要なものは買ってあげるのでいただいたお年玉は大人が管理するお家……ほかにも「うちはこうだよ」という人がいるでしょうね。

このように、お年玉の渡し方や使い方が違うのは、それぞれのお家で、子供のお年玉、つまりお金の使い方をどのように教えていくかということについての価値観が異なることからくると思います。

一年間のご褒美として、自分で計画的に使うことに価値を置くお家。

お家の仕事をすることと引き換えにお年玉として渡し、お金の大切さを知ることに価値を置くお家。

お年玉はお家の人が預かって、貯金しておくことに価値を置くお家。

現金ではなく、ほしかったものや必要なものをお年玉として渡し、物に価値を置くお家。

などなど、皆さんに聞いてみると、お年玉のいただき方、使い方は様々なようです。

友達がいただいたお年玉の金額や、その使い方をうらやましがったり、驚いたりするのではなく、自分の家の価値観について、お家の人とよく話して、考え方を知っておくことは大事です。それぞれのお家には、それぞれの価値観があります。自分のお家は自分のお家、よそはよそです。この冬休みは、お年玉を通して、お金の大切さとともに、お金に対するそれぞれのお家の価値観についても考えてみてください。

と

価値観の受容

下校後、最初に何をする?

下校後、皆さんは最初に何をしますか? まずは宿題を終わらせるという人がいます。別の人は、まずは友達と遊んで、その後、家に帰ったら宿題をするというかもしれません。最近は、家に入るときには、まずは手洗いという人が増えているかもしれませんね。

こうした違いは、人それぞれの価値観の違いと表現されます。価値観とは、「何に価値があると認めるか」に関する考え方のことです。例えば、善か悪かといった判断をするときの基準となる考え方を指します。

価値観は、その人が育った家や地域、学校や学級の様子など、様々な環境や条件に影響されながら、自然と身に付いていくものです。ですから、本来、価値観は一人一人みんな違うものです。

最近、「価値観の多様化」が社会変化の一つとして注目されています。

その理由の一つは、グローバル化とともに、交通網が発達して世界の国々への行き来が簡単にできるようになったり、インターネットなどで世界の出来事などがすぐに分かるようになったりしたことから、それまで出会わなかった人と出会い、それまで知らなかった価値観に触れるようになったためです。

もう一つには、社会の変化のスピードが速くなり、祖父母の世代と親の世代、子供の世代というように、世代ごとに価値観が違ってきたこともあります。

総務省によると、一九八七年のサービス開始以来、平成の三〇年間で携帯電話が広く一般に普及したそうです。スマートフォンの始まりは、二〇〇七年にAppleが初代iPhoneを発表したことで、二〇一九年には、保有者の割合が六七・六％になったそうです。通信手段の変化だけでも、社会の変化のスピードが分かりますね。

このように、社会の変化のスピードが速くなったことから、時代ごとに価値を置くものが変化し、世代間での価値観の変化が大きくなったと言えます。

では、価値観が違うと、どのようなことが起きるのでしょうか？

相手の価値観を受け入れられない場合には、相手のことを嫌いになったり、自分の気持ちが晴れずにもやもやした気持ちが続いたりすることがあります。このことから、けんかになってしまうことも考えられます。グループなどで、一人の価値観だけが否定されてしまったときには、いじめが生まれることもあるかもしれません。

そうしたトラブルを防ぐために、大切なのは「話し合うこと」です。自分の考えや思いを押し付けるのではなく、互いの意見を理解し合うことを心がけましょう。すぐに解決できなくても、相手の価値観を知っていれば、事前にトラブルを避ける方法を選ぶことができます。納得ができないときは、その思いを相手に伝え、相手にも自分の価値観について考え、折り合うための方法を工夫してもらえるかもしれません。

また、価値観が違う人と関わることで、自分の考えが広がることもあります。新しい気付きを得ることもあります。自分と違う価値観の人への配慮について、考えられるようになります。

これは、将来、世界中の多くの人と関わりながら生きていく皆さんにとって、貴重な経験になることでしょう。日頃の生活でも、参考にしてみてください。

麻

異文化と理解

人類共通の祖先

皆さんは、昔々、日本列島が、中国やヨーロッパの国々などがあるユーラシア大陸とつながっていたことを知っていますか？「昔々」といっても、一〇〇年や二〇〇年ではなく、およそ二〇〇〇万年前までのことです。想像できないですね。

でも、恐竜が生きていた時代はもっと古く、二億三〇〇〇万年前から六六〇〇万年頃といわれていますから、日本で見付かる恐竜の化石は、日本海を渡ってきたのではなく、もともとユーラシア大陸で生息していた恐竜のものと考えられるのです。

そして、恐竜よりはずっと後ですが、日本に人が暮らすようになったのも、私たちが考えるよりずっと、大陸と日本列島が近い頃でした。その頃から暮らしていた人たちに、更に長い時間が経ち、日本の周りがすっかり深く広い海になってから、海を渡ってやって来た人々が交わるようになりました。古くからいた人々を「縄文人」、新たに海を渡ってきた人を「弥生人」と、骨が発見された遺跡の時代にちなんで呼んでいます。

更に令和三年には、これまでに見付かった古墳時代の遺跡の人の骨に、弥生人よりも更に新しい時期に大陸から海を渡ってきた人たちとの交わりが認められました。この古墳時代の人、つまり「古墳人」は、遺伝情報がほぼ現代日本に暮らす私たちと一致するそうですよ。

さて、このように国や民族の先祖を探る研究は、日本だけでなく、世界中で行われています。日本で暮らす私たちの多くは、眼や髪の毛の色が濃く、肌の色が黄色みを帯びています。一方で世界には、瞳の色が青かったり、肌の色がもっと濃かったり、髪の毛の色が金色だったりする人もいますね。ですから、それぞれの先祖は全く別のところで生まれ、別のルーツがあるように思えます。科学者たちも長い間そのように考えていました。このような考えを「多地域進化説」といいます。

しかし、科学の目覚ましい進歩から、この多地域進化説がくつがえされる発見がありました。スーパーコンピューターを使った最新技術で世界各地の人の遺伝情報を解析したところ、どの民族、どの国の人の祖先も、ずっとずっとさかのぼると、一二万年から二〇万年前頃、今のアフリカ大陸にいたと考えられる、一人の女性に行きつくことが分かったのです。

びっくりするでしょう? 今、地球に約八〇億人いる人類に共通する祖先が、一人の女性だというのです。この女性を先祖として、全ての国、地域の人がつながっているのですよ。言葉も違えば、生活習慣や育んできた文化も違い、ときに激しくいがみ合って戦うことすらある国同士だって、元をたどればこの女性に行きつくのです。

このことに、かつて大陸が一つにつながっていたことを考え合わせれば、地図や地球儀が国ごとに色を塗り分けられ、境界線が引かれていることが、なんだかばかばかしく思えてきます。その境界線をめぐって、今この瞬間にも、一人に一つしかない大切な命が失われていくことに、限りない悲しさと行き場のない怒りを覚えます。

かつては一つだった大陸と一人の女性でつながる私たち。互いを大切に思いやり合って暮らしたいですね。

瑞

異文化と理解

コンビニエンスストアの店員さん

皆さんが道を歩いているとき、日本に観光に来ている外国の人から、「日本とは、どのような国ですか？」と尋ねられたら、どのように答えるでしょうか？　考えてみましょう。

コンビニエンスストアで買い物をすると、レジで対応してくれる方が外国の方であることが多くなってきました。それ以前は、コンビニといえば日本の高校生や大学生、主婦の方々のアルバイトとして人気がありましたが、外国の方が、レジ前で慣れない日本語を一生懸命使いながら接客する姿を見て、「大変ですね。がんばってください」と思わず声をかけたこともありました。

では、皆さんがもし外国で働くとしたら、どうでしょうか？

まずは言葉の壁がありますね。例えば、アメリカで働くとしたら、今の皆さんの英語力で通用するでしょうか？言葉の壁があると、コミュニケーションをうまく取ることができませんね。仕事をする上では、お客さんの要求していることを理解し、それに応える必要があります。

想像してみてください。ネイティブな英語で話されたとき、どれだけ理解することができるでしょうか？　きっと困ってしまいますね。それでも皆さんはチャレンジできますか？

では、今日本で働いている外国の方々は、どのようにして日本で仕事をし、暮らしているのでしょう？　日本で働く外国の方々は、日本について学んでいます。それは、言葉だけではなく、日本の文化や慣習、暮らしについてもです。異国の地で生活するということは、その国のことを知らなければなりません。そして、自分が生まれ育った国との違いを受け入れていく必要があります。違いを受け入れるためには、外国のことだけでなく、自分の国のことを深く理解しておかなければ、比べることもできません。

では、最初の質問に戻ります。「日本はどのような国でしょうか？」。今の皆さんには、この質問の答えをいくつ出せるでしょうか。「言葉は日本語で、ひらがな、カタカナ、漢字で表す」「日本には春夏秋冬の四季がある」「日本の首都は東京都」などは、パッと思い浮かぶかもしれませんが、それだけで皆さんが日本のことを理解していると言えるでしょうか？

例えば、日本で仕事を探すならどこに相談するのでしょう？　住む家を探すなら？　学校に通いたいと思ったら？　事件や事故に巻き込まれたら？　病気になったら？　皆さんは外国の方から、今校長先生が質問したことを聞かれたときに、丁寧に答えることができますか？

難しいですよね。では、どうすれば皆さんは、日本のことを深く理解し、それを外国の方々にも教えてあげることができるようになるのでしょうか？

その答えは「学ぶこと」です。今、皆さんは学校で国語や算数、理科や社会など様々な教科を学んでいます。生活の中でも、インターネットや本、出会った多くの人たちから、新しい知識や技能を身に付けています。

まずは、生まれ育った日本について知りましょう。そんな皆さんが将来、日本だけでなく世界でチャレンジできる人になってもらいたいです。

タ

異文化と理解

外国人対象の旅館

外国の人が日本に観光などで訪れるとき、日本の旅館に泊まることを楽しみにしている人が多いそうです。日本には、畳の上に布団を敷いて寝るという文化があります。そうした日本の文化に触れるために、旅館に泊まって体験するそうです。

旅館「澤の屋」さんは、東京都台東区にある外国人対象の旅館です。部屋は全て畳の和室で、ちゃぶ台という机があり、畳に座布団を敷いて座ります。寝るときには、布団を敷くことができるようになっています。外国の人からは、日本の文化を体験し、直接触れることができる旅館として、大変好評だそうです。

この澤の屋を開いた澤功さんは、英語は堪能ではないそうです。外国人を受け入れるに当たり、不安がなかったのかと伺うと、「英語なんてできなくても、通じ合うことはできる。お客さんが何を伝えようとしているのか、何が聞きたいのかを、相手をよく見て、身振り手振りを交えて聞こうとすることが大切なんだよ。そして、諦めずにお客さんに伝えようとすることが重要なんだと分かったんだ」とおっしゃいました。

私も、言葉が分からないからと、外国の人に声をかけられなかった経験があります。でも、外国の人も日本語が分からないのですから、お互い様です。言葉が分からなくても、勇気を出して、相手が伝えようとしていることを受け止めようとすることが大切なのですね。

外国の人と関わるときに気を付けたいことは、知らないうちに相手を傷付けてしまうことです。国によって、文化や伝統、習慣や決まりが違っています。それぞれの人がもっている宗教によっても変わります。相手の人が大切にしていることを知らないで悪く言ってしまったり、相手の人が嫌だと思っていることを押し付けてしまったりすることで、関係が悪くなることがあります。

これを防ぐには、お互いの国のことや宗教のことなどを知っておくことが必要です。調べて分かることもありますが、相手とよく話し合うことも有効な手段です。お互いに大切にしたいことを話し合うことで、分からないまま傷付けてしまうことを防ぐことができます。必要ならルールを決めることもできます。

こうした話合いをすることで、相手の考えに触れたり、発想の違いを知ったりすることは、皆さんにとっても貴重な経験になることでしょう。

交通が発達してすぐに外国に行くことができるようになった今、そして、インターネットなどで世界中の情報をすぐに手に入れられるようになった今、社会のグローバル化は進む一方です。そうした社会を生きていく皆さんは、グローバルな社会で、外国の人と温かいやり取りをしながら生活することが必要です。

すぐに分かり合えないことに焦らず、慌てず、イライラすることなく、澤さんのように、諦めずに、身振り手振りなど様々な方法を駆使して、相手の言おうとしていることを受け止め、自分の伝えたいことを伝えるために、努力を重ねることが大切ですね。

そのようにして、世界中に友達ができたら、こんなにすてきなことはありません。勇気を出して、外国の人とも仲よしになりましょう。

麻

異文化と理解

ミャンマーからの留学生

先日、六年生が海外からの留学生を招いて、その方の国のお話を聞くとともに、日本の文化を紹介する交流会をしていました。留学生からは、食べ物のことや生活の様子など、日本と違う点についての話を聞くことができました。その話から、改めて日本のよさに気付いたり、学ぶべき外国の優れている点に驚いたりしましたね。

さて、私のおじさんで、ミャンマーからの留学生を受け入れて、部屋を貸したり、困っていることの相談に乗ったりしている人がいます。その留学生の中に、「スーさん」と呼ばれている女性がおり、私も仲よしになりました。スーさんのお家は、そんなに豊かではないけれど、試験を受けて奨学金をもらい、日本で勉強することになったのです。大学の授業も日本語で受けており、最初は大変だったけれど、半年くらいで慣れたそうです。ＬＩＮＥも全部日本語でやり取りします。がんばり屋さんなんですね。

スーさんは、「日本人はとても親切で優しい。日本の国は何でもあって、とても豊か」と言い、日本のよさを改めて話してくれました。皆さんと同じように、キャラクターグッズや、キラキラしたアクセサリーが大好きです。

ミャンマーには、こんなにかわいい、たくさんの雑貨はないと言って、アルバイトをして、そういった雑貨を集めていました。ミャンマーでは収入を得られる働き口が少なく、働く先がたくさんある日本にも驚いていました。でも、スーさんは「日本の大学生はあまり勉強しないんですね。もったいない」ともこぼしていました。皆さんの中にも、「勉強やだ」と言う人、いますね。いくらでも勉強できる環境にいると、なかなかしないものなのでしょうか。

そんなふうに、日本とミャンマーの違いを楽しみながらがんばっていたスーさんですが、大学を卒業することなく、帰国しなければならなくなりました。ミャンマーで、クーデターが起きたのです。家族も毎日怖い思いをしているとのことで、取りあえず帰国することにしたのですが、再び戻ってくることはできませんでした。こんなことが、私のお友達の身の上に降りかかったのです。今の日本では、考えられないことですね。

一時、メールもつながらない状況になり、心配しましたが、スーさんは落ち込むことなく、身に付けた日本語を生かした仕事を見付け、今、ミャンマーでたくましく生活しています。

スーさんは、日本に留学していた頃、振袖を着て成人式に参加しました。そのときの嬉しそうな笑顔の写真を時々見ながら、今度は私がミャンマーに行き、ミャンマーの民族衣装「ロンジー」を着て、私が感じたミャンマーの印象を、スーさんに話してあげたいと思っています。

皆さんも大きくなったら、ほかの国に留学することがあるかもしれませんね。いろいろな国、いろいろな文化があります。直接会ってお話しし、世界中にたくさんのお友達をつくってほしいと思います。

と

異文化と理解

給食のメニューから世界が見える

今日は、給食のメニューに出てくる世界の料理についてお話をしたいと思います。日本は食に関してとても豊かな国で、いろいろな料理を食べることができます。皆さんに好きな給食のメニューを聞くと、カレーやラーメンがよく出てきますが、もともとはほかの国から入ってきた料理で、日本で味付けや作り方が工夫されて、皆さんの好みに合うようになりました。

世界の料理を調べていくと、私たちが普段当たり前と思っていることがほかの国では違うことが分かります。例えば、現在世界の人口の半数以上の人がお米を主食として食べているといわれています。日本では最近パンを食べることが多くなってきたとはいえ、主食はご飯です。給食でも週に三回くらいはご飯が出てきますね。炊飯器で炊いた熱々の白いご飯はとてもおいしいです。ふりかけやおにぎり、お寿司、お茶漬けなど、少しアレンジしてもおいしいですが、日本ではお米そのものの甘さや歯ごたえが大切にされます。また、おかずとのバランスを考えた食べ方が好まれます。しかし、ほかの国や地域の人がみな同じかというと、そうではありません。

スペインの代表的なお米料理であるパエリアは、野菜やお魚、お肉などの具材を炒めた後にお米を入れ、炊き上げて作ります。実は多くの国では、お米は炊くのではなく、炒めたり、スープをかけたりして食べています。これには理由があって、日本のお米は「ジャポニカ米」といい、炊くと水分を多く含んでいて柔らかく、弾力と粘り気が出ますが、世界で多く食べられている「インディカ米」という品種は、パサパサした食感であるため、お米を炊くのではなく、違ったやり方で食べているのです。

主食で食べられているものも、世界ではお米だけではありません。皆さんがよく知っているのは小麦でしょうか。パンやめん類などにしてよく食べられています。それ以外にも、メキシコなどではトウモロコシ、ミクロネシアなどではタロイモを主食としています。その地域で多く栽培されているものが主食となっていることが多いのです。

味付けなども国や地域によって特色が出てきます。暑いところでは唐辛子を使った料理が多く、その辛さから食欲を増進させています。逆に、寒い地域では温かいスープの種類が多く、ロシア料理の野菜や牛肉をよく煮込んだ「ボルシチ」は世界の三大スープの一つです。

料理から、様々な国や地域の特色を感じることができます。給食に出てくる世界の料理を通して、その国や地域はどんなところか、そこに住んでいる人たちはどのような生活をしているのかに関心をもってもらえたらと思います。世界に目を向けていきましょう。

勝

異文化と理解

どのハンバーガーが好き?

今日は「文化」について話します。「文化」という字は、このように書きます。英語では、「culture」と書きますが、皆さんがよく目にするカタカナ表記では「カルチャー」のことです。もしかしたら、文化センターやカルチャーセンターに行って、いろいろな習い事をしている人もいることでしょう。

ところで、「文化」とは、いったい何のことでしょう? ……少し難しそうですね。それでは、もう少し具体的なイメージをもてるように質問を変えます。「日本の文化」といったら何だと思いますか? 「日本の文化」ですよ。……「着物」「たこ揚げ」「お寿司」「お刺し身」「天ぷら」……いいですね、食べ物の文化もいろいろ出てきましたね。そうです、みなさんの頭の中に浮かんだ様々なものが、それぞれ「日本の文化」です。

みんなでいろいろと考えた「日本の文化」ですが、日本だけの文化なのでしょうか? それとも世界中、どの国でも同じような文化はあるのでしょうか? 例えば、さっき誰かが言ってくれた「お寿司」は、日本のおいしい食べ物の一つですね。お寿司は、日本にやってきた外国の人も食べますし、近頃ではアメリカなど、外国にもお寿司屋さんがあって、いろいろな国の人も食べるようになってきています。

もう少し食べ物の文化について、一緒に考えてみましょうか。みんなも好きなハンバーガーは、アメリカ生まれの食べ物ですよね。中国やフィリピン、インド、世界中どこへ行っても、多くの国でハンバーガーを食べることができます。ハンバーガーは世界共通なのかもしれませんね。

ところで、味付けや中身も共通なのでしょうか？　ハンバーガーについて、更に深く考えてみます。例えば、テリヤキバーガーの味付けは、醤油と砂糖を混ぜた甘じょっぱい、多くの日本人に好まれる味にアレンジされています。皆さんは、アメリカ風にケチャップソースで味付けられたハンバーガーと和風ソースのテリヤキバーガーのどちらが好きですか？　それぞれの国によって、味付けの好みや人気は違いますね。そのお陰で、いろいろな味のハンバーガーが誕生し、それぞれの人がいろいろな食べ物文化を楽しむことができています。

もっと詳しく考えてみます。ハンバーガーの中身、お肉の部分は何の肉でできていますか？「牛肉」「豚肉」「牛と豚のミックス」……。ほかにはないですか？　……「鶏肉のチキンバーガー」「魚のフィッシュバーガー」……。実にいろいろとありますね。好みの違いだけでなく、ほかにも理由がありそうですね。

ハンバーガーにも、その国や地域によって様々な違いがあることが分かりましたね。実は、好みだけではなく、宗教上の理由や信仰の違いなどからも中身のお肉は変わります。例えば、ネパールという国では、多くの人がヒンドゥーの教えを守って暮らしています。ヒンドゥー世界では、「牛は神様の乗り物」と教えられているので、牛肉を口にしません。もし、そのことを知らずに牛肉を提供したら、ネパールの人は悲しむことでしょう。

それぞれに暮らしている地域や国によって、その考え方や文化には違いがあります。文化の違いがあることを互いに理解することが、この地球で人々が仲よく暮らしていくために、とても大切だということを分かってもらえたでしょうか？　いろいろな国や地域にある様々な文化について、調べ、考え、世界をよりよくするためのすてきなアイディアをたくさん発見してください。

浩

異文化と理解

文化としての和食

本屋さんに行くと、校長先生がつい気になってしまうのが、食べ物を扱っている本です。いろいろな国の食べ物を紹介する本がたくさん並んでいます。例えば「カレーライス」というメニュー一つでも、世界のいろいろなカレーライスを紹介している本があります。

食いしん坊の校長先生は、ついつい手に取って見てしまいます。

校長先生は外国には行ったことがないのですが、今は日本にいても、世界のいろいろな国の料理を出しているお店があるので、その国に行ったつもりで味わうことができます。

「どんな材料を使っているのかな?」「どんな味付けなのかな?」「食べ方に違いはあるのかな?」……など、いろいろなことを想像しながら食べるのは、楽しくてドキドキするものです。

また、食べ物一つで考えてみても、世界には多様な食生活があるのだなー、ということに気が付きます。その国々独自の食生活、それを「食文化」と呼ぶこともあります。

さて、私たち日本の食文化はどうでしょう。

今、私たちの食生活は、世界各国の食文化のお陰で、様々な料理を味わうことができます。

そんな中、私たち日本人が、昔から大切にしてきた食文化があります。それが「和食」です。

きっと聞いたこと、見たこと、そして食べたことがありますよね。

実は、日本の伝統的な食文化である「和食」は、平成二五年に「ユネスコ無形文化遺産」に登録されました。

「無形文化遺産」というのは、芸能や伝統工芸、技術など「形」としては見えにくい「文化」を守り、世界中でそのよさを尊重し合うことができるよう、ユネスコが中心となって登録、保護をしています。

文化とは、それぞれの国、土地の歴史や生活習慣とも深く関わっているものなのです。

この「和食」が無形文化遺産に登録されるに当たり、四つの特徴、よさが挙げられています。

一つ目は、表情豊かな自然の中で育った多様な食材が使われていること。

二つ目は、一汁三菜の食事バランスと「お出汁」等のうまみを使い、健康的な食生活を支えていること。

三つ目は、自然の美しさや四季の移り変わりを食事で表現し、季節感を楽しむこと。

四つ目は、お正月など、年中行事等と関わり合いながら、家族や地域の絆を深めてきたこと。

私は改めて「和食」のすばらしさや、この「和食」と共に日々生きていることの喜びを感じました。今、世界各国でそのよさが紹介され、「和食」という食文化への理解が広がり、楽しまれています。

それと同じように、私たちも、様々な国の料理を味わい、楽しみながら、そのよさを感じています。

食を通して、世界の国々のことを考えてみる。それぞれの文化を知る、よいきっかけになりそうです。

徹

異文化と理解

エスカレーターは、どちら側に立つ?

何年か前の夏休みに、大阪にいるお友達を訪ねようと、新幹線で大阪と京都に旅行に行ってきました。東京は本州の東のほう、大阪や京都は「関西」といわれる本州の西のほうの街です。東京駅から新幹線で新大阪駅に着いて、電車を乗り換えようと駅の中を歩いていました。途中でエスカレーターに乗ったのですが、何か変です。何だか分からないけど、何かが変です。

なんだろう?

気が付きました。校長先生はエスカレーターの左側に立っていたんですが、ほかの人たちはみんな右側に立っていたんです。みんなも、エスカレーターでは左側に立ちますよね? でも、新大阪駅では、みんながエスカレーターの右側に立っていたんです。

そこで校長先生は、こそっと、そーっとエスカレーターの右側に移りました。

その後お友達に会って、そのことを聞いてみました。すると、大阪では、エスカレーターは右側に立つのがマナーなんだそうです。大阪だけでなく、西のほうの街の多くがそうだというのです。そのことを校長先生は知りませんでした。

今は、エスカレーターは両側に乗りましょうと言われているので、しばらく前の話です。

夕飯を食べようと大阪の街をお友達と歩きました。「大阪はおいしいものが多い」「何がおいしいか」というような話をしながら歩いていたのですが、お店の看板を見ていると、知らない言葉があります。

「関東煮」？

「関東」と書いてありますが、東京・関東に住んでいる校長先生は知りません。お友達に聞くと、大阪では「おでん」のことを「かんとだき」というそうです。

また、「豚まん」という看板もありました。私たちが言う「肉まん」のことだそうです。

大阪にいる間、こんなことがたくさんありました。面白くて楽しく、あれこれ見てみたり、お友達に尋ねてみたりしました。

日本という国は小さな国ですが、それでも東と西ではこんなに違うことがあるんだなあ、と感じました。きっと、北海道や九州でも、私たちが知らないものや違うことがたくさんあるんでしょうね。同じ日本の中でもこれだけ違うのですから、外国に行ったら、さぞかしいろいろ違うことでしょう。

知らない場所に行ったら、ぜひいろいろな物事を見聞きして楽しむといいですね。

宣

異文化と理解

日本人より地球人

最近は、「グローバル」、つまり地球規模的とか世界的といった言葉がよく使われるようになりました。地球全体が一つの村の共同体のようになったということから、こうした言い方をするようになったようです。電話やインターネットなどの情報通信、鉄道や飛行機などの交通手段の発展などが大きく関わっています。

それでは、このグローバル化の中で異文化理解とはどう考えたらよいのでしょうか。今は世界中の人がつながりがもてるのだから、異文化理解は簡単にできるようになったのでは、とも思いますが、そうではないようです。むしろ難しくなっているのではないかという意見もあります。

文化の違いは言語の違いに現れると思います。ヨーロッパのスイス連邦は、公用語として、ドイツ語、フランス語、イタリア語、ロマンシュ語の四つの言語があり、車で二時間程度走るだけで言葉が異なる地域に入るそうです。スイスは周りの国々から身を守るために、異なる言語や文化をもつ都市や農村共同体が加わって連邦共和制が発展したそうです。同じ国であるので、言語の違いによる不便さは感じないときが多いと聞いたことがあります。ヨーロッパを旅行するとしたら言葉で困ることはないそうで、うらやましく思いますね。

日本はどうでしょうか。多くの日本人は日本語を話しますが、英語やフランス語となると、勉強しないとなかなか身に付かないものです。更にこれらを日常的に使いこなすとなると、その言葉のもつ文化を理解しないと、せっかく話していても通じないことがよくあるといわれています。

例えば日本語の「雨」という言葉を考えてみましょう。雨の降り方により、「大雨」「強雨」「ゲリラ豪雨」などがあり、「小雨」「霧雨」「小糠雨」「通り雨」「長雨」「五月雨」と降り方や季節によって表現が異なりますが、日本人はそれほど苦労しなくても使い分けることができるようです。

同様に、英語でいう「rain」と「rainy」、そして「raining」は雨の種類を指すのではなく、「雨」「雨の」「雨が降る」という名詞や動詞などの区別で使われます。細かな雨の描写を示す日本語と、雨が降っている様子を表す英語とでは表現の違いがありますが、言葉の違いを理解するだけでなく、文化の違いも理解する必要があるようです。

異なる文化を理解して交流するために、日本の価値観、考え方やコミュニケーションなど、文化の生まれた背景を理解して言葉で説明できることが大切です。「雨」という言葉にしても、普段何気なく使っている言葉や行動を具体的に説明できるようになることは、異文化理解への第一歩になるでしょう。異文化交流をすることで、日本と違う文化や常識に触れ、違いが分かるようになります。他国との違いが分かるようになると、自分の価値観が変わる人が多いようです。日本の常識が海外では非常識だったということも珍しくはないと聞いています。

異文化交流をするときには、相手を理解したいと思う気持ち、間違いを恐れないこと、文化や習慣を押し付けないこと、差別をしないこと、の四つが大切です。皆さんが大人になる頃には、グローバル化がもっと進んで、日本人ではなく地球人としてのアイデンティティが必要になるでしょう。楽しみですね。

玲

世代とつながり

水筒に入れる水

今年は令和四年度ですから、お隣の保育園に通っている三歳児クラスの子供たちは令和の時代になってから生まれた子ですね。皆さんは平成の生まれで、ちなみに私は昭和の生まれです。皆さんのお家の人たちは、いつの時代でしょうか？　職員室の先生たちは、私のように昭和生まれの人もいますが、だんだんと君たちと同じ平成生まれの「若い世代」の先生が増えてきています。

今、私は、平成生まれの先生のことを「若い世代」と言いましたが、私のように昭和生まれの人は何世代と呼ばれているのでしょうか？　「おじいちゃん世代」？　「ベテラン世代」？　「昭和生まれ世代」？

年齢や生まれた時代の違いなどで仲間分けをするときに使われる言い方が、「世代」という言葉です。世界の「世」という字に、代表の「代」という字を使って、「世代」です。

今年の夏は、いつもより早く梅雨が明け、暑くて熱中症が心配な日がたくさんありました。熱中症にならないためには水分をしっかり取ることがとても大切ですから、毎朝、忘れずに水筒を持って学校へ来ましたよね。

ところで、私も含めて「ベテラン世代」の時代には、普段は水筒を持ってくることが許されていない学校がほとんどでした。水筒を持ってきてもよい日は、運動会と遠足のときだけでしたし、水筒の中に入れてきてもよいのは「湯冷まし」といって、やかんで沸かしたお湯を冷ましたぬるい水しか許されませんでした。今のように、氷を入れて冷たくすることもだめでしたし、スポーツドリンクも禁止でした。

でも、意地悪で禁止されていたわけではなくて、「冷たいものは体を冷やすから健康によくない」という考えからだったと記憶しています。それでも、暑くて喉がカラカラになりますから、休み時間には水道の水をたくさん飲みました。

今日お話ししたように、普段の学校に水筒を持ってきてもいいかどうか、水筒の中身は冷たくてもいいかなど、その時代や世代によって考え方が異なっています。このような考え方の違いなどのことを「世代間の違い」とか「ジェネレーション・ギャップ」といいます。

ところで、「冷たいものは体を冷やすからよくない」と健康のことを気遣って水道水だけ飲むようにすすめるベテラン世代の考えと、それとは逆に、「氷で冷やした水筒を飲んで熱中症を防ぐほうが大切だ」という若者世代の考え……どちらのほうが健康的なのでしょうか？

ここで一つ、昔からの「ことわざ」を紹介します。「過ぎたるは猶及ばざるが如し」……その意味ですが、何事もやり過ぎてしまうことは、足りないことと同じように、あまりよくないですよ、ということです。つまり、どちらかの世代の言い分だけがよいということではなく、それぞれのよいところをバランスよく受け入れることこそが大切なのではないでしょうか。皆さんは、どう考えますか？

浩

世代とつながり

昔遊びと高齢者体験

皆さんは、いつも、友達と何をして遊んでいますか？　公園で鬼ごっこをしたり、ボールが使えるところでは野球やサッカーなどをしたりしていますね。では、昔の子供たちも同じような遊びをしていたと思いますか？

毎年、二年生の生活科の学習で昔遊びをしています。昔遊びの先生として、地域の高齢者の方々に来ていただき、こま回しやメンコ、けん玉、あやとり、おはじきなど、たくさんの昔遊びを教えていただいています。つまり、皆さんが「昔」と言っている昭和の時代くらいまでは、このような遊びが中心だったということです。

子供たちの遊びも、技術の進歩や物が豊富に手に入る社会になったことなど、時代によって大きく変わってきました。でも、昔遊びでも今の遊びでも、友達と楽しく遊ぶことができるという、遊びの楽しさは変わらないものですね。

四年生は総合的な学習の時間に「高齢者体験」を行っています。高齢者になると、筋肉が減ったり、関節が曲がったりして、運動が難しくなる場合があります。その他、見える範囲が狭まったり、視力に変化があったりします。そうしたことを、器具や重りを使って高齢者と同じような条件にして動いてみる経験をします。

四年生は体験してみて、「思ったより、歩いたり走ったりするのが大変だった」「うまく見えていないから、動くのに不安があった」などの感想を言っていました。「今度から、階段では重い荷物を持ってあげたい」「見えにくいところでは、声をかけるとよいのかな？」と、高齢者と関わるときに気を付けたいことを話していました。

五年生は総合的な学習の時間に「認知症理解」の話を聞く機会がありました。何度聞いても覚えられない、ご飯を食べたことを忘れてしまう、家族の顔と名前を忘れてしまうという重い認知症の症状があることを聞き、早く治療ができるようになってほしいという願いをもちました。

その中で、何度も同じことを聞く人は、そのことを覚えていたいからだという話を聞きました。例えば、何度も帰宅時間を確認するのは、家族が安全に帰ってきてほしいという思いがあるからだそうです。家族の帰宅時間を聞き、忘れないようにし、その時間に家族がそろえば安心できるそうです。認知症になったからといって、全てが分からなくなるのではなく、家族への愛情など、大切なことが残っているかもしれないということを知っておきたいですね。

「高齢者」といっても、様々な方がいらっしゃいますし、それぞれに様子が違っていると思います。その人が生きている社会の状況によって、子供の遊びや友達との関わりも変わります。学校での学習活動や、使える道具や文房具なども変わります。高齢者体験で分かったように、体の動きや機能などが変わってくることもあります。でも、どんな世代の方でも、それぞれに生きてきた社会のよさを知っています。私たちは、これまでの歴史の中で様々な価値があったことを、高齢者の方々との関わりを通して学んでいきたいですね。

麻

世代とつながり

手助けはさりげなく

先日、四年生が総合的な学習の時間に、高齢者について考える学習の一貫として、地域の社会福祉協議会の方から「認知症サポーター講座」を受けました。修了証もいただき、サポーターとしての第一歩を踏み出しました。本校では、毎年四年生がこの講座を受けているので、そのうち、この地域では、大勢の人が認知症サポーターとして活躍してくれることでしょう。

四年生以上はすでに学習しましたが、この認知症は、いろいろな原因で脳の細胞が死んでしまったり、働きが悪くなったりするために、様々な障害が起こり、生活する上で不便な状態があることを指します。具体的には、食事をしたことを忘れてしまったり、慣れた道で迷子になってしまったり、判断力や理解力が低下したり、怒りっぽくなったりすることがあります。

私の母親はもう亡くなりましたが、亡くなる前は認知症を患いました。ほとんど病気をしたこともなく、元気で、いつも子供のことを考えてくれる頭のいい人だっただけに、徐々に物忘れがひどくなっていったときには、私がなかなか受け入れることができませんでした。「さっき、ご飯食べたでしょ！」とか、「なんで覚えてないの！」とか、強い言葉を投げかけてしまいました。そのときの、すまなさそうな母親の顔は、今でも忘れられません。四年生が受けた講座の中で、認知症の方は、「失敗した事柄」は忘れてしまいますが、「怒鳴られた」「怒られた」という感情だけが残るという話がありました。強い口調や態度は、その人に精神的な苦痛を与えることになるので、やんわりと優しく接することが大切だそうです。私も、この講座を受けていたら、もう少し、母親への接し方も違っていたなと、後悔しました。

年齢を取ると全ての人が認知症になるわけではありませんが、できたことができなくなることは増えていきます。皆さんは今は考えられないかもしれませんが、自分も、また、家族もいつかは、必ず年齢を取ります。そのとき、どんな気持ちになるでしょう？　どんなふうに接してもらいたいでしょうか？

認知症サポーター講座の後、ある四年生から、「知らないおじいさんが杖を落としたときに、この講座のことを思い出して、拾ってあげた」とか、「自分のおばあちゃんが認知症になって大変だと思ったけど、話し相手になるだけでもいいんだ、と分かった」などの嬉しい声を聞きました。

年齢を取ると、体の動きが鈍くなったり、細かい文字が見えにくくなったり、テレビの音が聞こえにくくなったり……いろいろと衰えてくることはあります。しかし、高齢者の方は、皆さんの知らない貴重な経験や知恵をたくさんもっています。これからの社会は、高齢者が更に増えていきます。皆さんは、その方々の生きてきた道を想像し、その経験を尊敬するとともに、困っている人の手助けをさりげなくしていきたいものですね。

と

世代とつながり

「ねんりんピック」に込められた願い

皆さんの中に、おじいちゃんやおばあちゃんと一緒に住んでいるという人はいますか？一緒に住んでいなくても、近くに住んでいて時々会えるよ、という人もいることでしょう。また、近くにはいないけれど、連休のときなどに会いに行ったり、会いに来てくれたりするよ、ということもあるでしょう。ただ、新型コロナウイルス感染症のため、なかなか会いに行けないという話も聞きます。何だか寂しいですね。

さて、「オリンピック」や「パラリンピック」という言葉は皆さんも知っていると思います。二〇二一年に東京で開催されたので、きっとイメージもあることでしょう。

では、「ねんりんピック」という大会は聞いたことがありますか？　校長先生も詳しくは知りませんでした。偶然、私が住んでいる県でこの「ねんりんピック」が開催されるということを知り、興味をもちました。「ねんりんピック」というのは、六〇歳以上の人が参加できる大会です。ということは、校長先生も参加できるんだなー……。もう三〇年以上、毎年開催されている「全国健康福祉祭」のことで、分かりやすいように「ねんりんピック」という名前で呼ばれています。

「ねんりんピック」では、スポーツでの交流だけでなく、囲碁や将棋など文化的な交流も行われます。七〇歳、八〇歳になった高齢者の皆さんでも、ご自分の体力や日頃の趣味、余暇の活動でのがんばりが生かせる内容になっています。

その「ねんりんピック」を行うに当たり、込められた願いがあります。

そのキーワードの一つが「健康」です。

今は「長寿社会」といわれますが、元気に長生きできるのは健康あってこそです。高齢者の皆さんが元気で長生きができるような社会がこれからも続いていくといいですね。

キーワードの二つ目は、「社会参加と生きがい」です。

私たちが暮らしているこの豊かな社会。その土台をつくってくれたのは、今「高齢者」といわれる世代の方々です。その役割は次の世代である私たちに引き継がれていますが、高齢者の皆さん自身も自分の経験や知識を生かし、社会の中で活躍したい、という願いをもっています。それが一人一人の生きがいにもなっています。

私たちの学校でも、いろいろな場面で地域の高齢者の皆さんが参加してくださっています。未来を担う子供たちのためにと、ご自分たちの経験、生活の知恵、生きてきた中で大切だなと感じたことを伝えてくれます。皆さんのおじいちゃんやおばあちゃんも、きっと同じ思いだと思います。

私たちは、そんな人生の先輩方への感謝の思いをもち、しっかりとバトンを引き継ぎ、そしてこれからも共に支え合いながら生きていきたいですね。

徹

世代とつながり

日本の森英恵から世界のハナエ・モリへ

皆さんのおじいさんやおばあさんが生まれるずっと昔、日本人は着物を着ていました。皆さんは、七五三や結婚式などで着物を見たことがありますよね？　着物は世界に誇る大切な日本の文化ですが、着物ではなく洋服を着るのが普通になってきて、「ファッション」という言葉が広く使われるようになったのは、昭和になってからのことでしょう。ただ、その頃の日本の洋服は、ファッション性よりも機能性が重視され、家で作ることも珍しくありませんでした。

森英恵さんは、こうした時代に、ファッションデザイナーとして、一九六五年、今から約六〇年前にニューヨークのコレクションで成功を収め、日本人デザイナーが海外で活躍するきっかけをつくった人です。

森さんは島根県で生まれました。一〇歳のときに東京に来て、その後都内の高校に進学しました。戦争が終わって大学を卒業し、洋裁技術を習得して、後にブティックを開きました。

森さんは仕事でアメリカに行ったときに、日本で作られているドレスがアメリカでは全く見向きもされていないことを悲しく思い、何とかして日本のファッションを世界に認めてもらいたいと考えました。一九六五年にニューヨーク・コレクションに初参加、蝶をモチーフにした作品を作りました。その後、一九七七年にはパリ・コレクションにも進出し、アジア人として初めて会員に認定されました。

その後もバルセロナ五輪日本選手団のユニフォームをデザインしたり、当時の皇太子妃雅子様の結婚の儀に着用されたローブ・デコルテをデザインしたりと、時代を象徴する幅広い活躍をし、服飾デザイナーとして初めて文化勲章を受賞されました。流行の激しいファッションの世界で、六〇年近く日本人のデザイナーをリードしてきたのは、なぜでしょうか?

森さんのデザインには、日本の着物に影響を受け、東洋と西洋の要素を交ぜたものが多くありました。また、日本の伝統的な文化である能や歌舞伎などの舞台衣装も制作し、日本の伝統のよさやすばらしさを、時代を超えて世界にアピールした衣装を多く作りました。

「ファッションは、あるときは勇気を与え、冒険させてくれるもの」「ファッションに国境はない」と森さんは言います。二〇〇四年に引退するまでたくさんのファッションを発信し、多くの若いデザイナーに影響を与えたといわれます。

現在では、多くの日本人のデザイナーが世界で活躍するようになりました。一人一人の個性が異なり、諸外国の影響を受けた作品も増えています。しかし、着心地のよさや洋服の美しさは、世代を超えて同じものではないかと森さんは話していました。よい洋服は一つ一つ時間をかけて作られたものであり、丁寧に着てほしいとも言っています。

私たちは服を着て生活をしています。いつしか身を守るために来ていた布が、自分の個性や趣向を表現するものになり、私たちは小さいときから、多くの服の中から自分に似合うものを選んでいます。長い歴史があって今があることを忘れることなく、森さんが世界に向けて発信したかったことを考えてほしいと思います。

玲

世代とつながり

東京スカイツリーの秘密

皆さん、東京スカイツリーを知っていますよね？　写真などで見たことがある人もいるでしょうし、遠くから見たことがある人もいるでしょう。行ったことがある人、上まで登ったことがある人もきっといますよね。

東京スカイツリーの高さは、六三四メートル。日本一高いタワーで、全世界の建造物の中でも第二位だそうです。

校長先生は東京スカイツリーを見ると、「すごいなあ、こんなに高いタワーをどうやって建てたのかなあ？日本は地震の多い国だけど、倒れる心配はないのかなあ？」なんて考えてしまいます。

日本一高いスカイツリーですから、地震でも倒れないように最先端の科学・技術を使った工夫がしてあるはずです。きっと、よほど頑丈に、がっちり、硬く、しっかり造っているんだろうなって考えました。ところが、このスカイツリー、実は、古くから日本にある建物のアイディアを使って建てられたそうです。

去年、六年生と日光移動教室に行きました。そこの日光東照宮というところで五重塔を見ました。五重塔というのは、お寺などにある五階建ての塔（写真があれば提示する）で、昔のタワーですね。きっと見たことがあると思います。

案内の人の説明によると、細く
いように、塔の真ん中に長ーい柱
から浮いているそうです。その柱
揺れて、地震の力を上手に逃がす
重塔は地震があっても倒れないそ

それを聞いて、校長先生はびっくりしました。塔が倒れないように頑丈に、がっちり、硬く、しっかり造ってあるのかと思ったら、真ん中の柱は吊るしてあって、地面から浮いていて、揺れるようになっているなんて。

何百年も前の、昔の人のアイディアってすごいなあと思いました。そして、そのアイディアが、東京スカイツリーを建てるときに使われたそうです。最新のタワー建築に、大昔の人のアイディアが生かされているんですね。

出典：ウィキメディア・コモンズ

私たちの世界は長い時間続いていて、その間に考えられたこと、作られたものが今の私たちの生活に生きています。

そういう物事は大切にしていきたいですね。

宣

世代とつながり

二月の異名

二月になりました。今日は「二月の異名」、つまり二月の別の呼び方について話します。

まずは「如月（きさらぎ）」。五・六年生の皆さんは知っていると思います。漢字だけ見ると、どうして「きさらぎ」と読むのか、不思議ですね。

これは、昔、まず中国から二月を表す「如月（じょげつ・にょげつ）」という言葉が日本に入ってきて、その後、日本の二月にふさわしい呼び名として「きさらぎ」が当てられたようです。

いろいろな説がありますが、「きさらぎ」とは、「衣更着（きぬさらぎ）」、つまり衣服を重ね着することが由来と考えられています。重ね着が必要なほど寒い季節ということで、まさに日本の二月、今にぴったりですね。

さて、二月の異名はほかにもいろいろあります。

令月（れいげつ）
仲春（ちゅうしゅん）
恵風（けいふう）

梅見月（うめみづき）
雪消月（ゆききえつき）
木芽月（このめつき）
雁帰月（かりかえりづき）

「令月」の「令」は、「令和」の「令」です。すばらしいという意味がありますね。何を始めるにもよい月ということです。

「仲春」は、古い暦では一月から三月を春としていて、二月はその真ん中だからだそうです。

「恵風」は、全てのものを成長させる、恵みの風。寒さが厳しい冬から、生き物の活動が活発になる春へ、季節が変わる頃に吹く風、つまり春風のことです。

「梅見月」は皆さんにもイメージしやすいですね。梅の花が美しい見頃を迎える月ということでしょう。

「如月」以外の異名も、なるほど、季節をよく表していてすてきだな、と感心します。

このように、現在は数字で表すことがほとんどになった一二か月ですが、月の異名を調べることで、季節の移り変わりを豊かに感じ、その恵みに感謝しながら生活していた、昔の日本の人々の暮らしに改めて気付かされます。

さあ、では三月にはどんな異名があるでしょう？　四月は？　五月は？　一二月の「師走（しわす）」は知っている人も多いかな？

興味をもった人は、ぜひ調べてみてください。

瑞

世代とつながり

ことわざから分かる先人の思い

皆さんは、「ことわざ」を知っていますか？　ことわざとは、昔から言い伝えられてきた知識や教訓を表したものです。ことわざ一つ一つの意味を調べてみると、自分の日常生活や考え方などに役立つものがたくさんあります。例えば、「失敗は成功のもと」ということわざがありますが、皆さんは聞いたことがありますか？

先生はこのことわざを、自分が何かを失敗したときに思い浮かべることがあります。このことわざは、失敗は、成功のために必要なことであるということを気付かせてくれます。また、失敗するということは、何かにチャレンジした証でもあるのです。皆さんだったら、勉強したけど目標には達成しなかったときや、スポーツや習い事で目標に到達することができなかったときなどにこのことわざを思い出すといいでしょう。

同じような意味のことわざに「雲の上はいつも晴れ」というのがあります。「止まない雨はない」や「明けない夜はない」も同じように使われます。自分の思うようにいかないときや、困難に出会い、身動きが取れないようなときにこれらのことわざを思い出すことで、「今のつらい状況はいつまでも続くものではない」と気付き、前向きな気持ちになることができます。これらのことわざは、当たり前のことを言っているのですが、人は困難な状況になると、当たり前のことにも気付きにくくなってしまうのです。

こうした「ことわざ」は、最初にお話ししたように、昔の人々、皆さんの先輩が後に続く人たちのために、自分たちの知識や経験を伝えてくれているものです。このように、皆さんの先を歩いている人たちは、後に続く人たちが困らないように、考えてくれているのです。それは、今を生きる皆さんに、どんな状況になっても、前を向いて自分の人生を歩んでほしいという願いが込められているのかもしれません。

では、そうした思いをもっているのは、昔の人たちだけでしょうか？

ここで、皆さんの日常生活を考えてみましょう。例えば、学校で先生から注意を受けることがあると思います。そんなとき、皆さんはどう感じているでしょうか？「また怒られちゃった」「あの先生は、厳しいから嫌い」などと思ってしまうことはありませんか？

家ではどうでしょう？　お家の人から「宿題やってから遊びなさい」「使ったものは片付けなさい」など言われることもあるのではないでしょうか？　そんなとき、「言われなくても分かってるよ！」「いちいちうるさいなあ」と、素直に言うことを聞くことができない人もいるのではないでしょうか？

「ことわざ」を皆さんに残してくれた先人、先輩はすでにこの世には存在していません。でも、皆さんの未来を心配し、皆さんが困ったときや悩んだときに直接手を貸して、寄り添ってくれる先人、先輩が身近にいます。それは、皆さんの家族や学校の先生たちをはじめ、皆さんの近くにいる大人たちです。

皆さんがこれから進む未来には、様々な出来事が待っています。楽しいことも苦しいこともあるのが人生です。ことわざで言うと「人生、山あり谷あり」です。先人はその道を実際に歩んでいます。だから、楽しいとき、苦しいときにどうすればよいかを知っていて、皆さんに優しく、ときに厳しく様々なことを教えてくれているのです。「灯台下暗し」です。身近な先人の声に耳を傾けてみてほしいと思います。

タ

世代とつながり

目に見えやすい成長、目に見えにくい成長

今日は、皆さん方の成長についてのお話をしたいと思います。

皆さんが様々なことを身に付けて大人になっていく過程は、決して、一律ではありません。人間の成長には「目に見えやすい成長」と「目に見えにくい成長」があるといわれます。

「目に見えやすい成長」とはどんなものでしょうか？　代表的なものとしては、身長や体重、計算力や学力など、数字や量ではかれるものが挙げられます。

では、「目に見えにくい成長」はどんなものでしょう？　考える力や優しさ、がんばる力などの心の成長です。

私たちは、どうしても「目に見えやすい成長」の結果を求めがちです。なぜなら、分かりやすいからです。成績がよくなると、お家の人に褒められることが多くなったりします。でも、それだけでよいのでしょうか？

神奈川県鎌倉市にある円覚寺というお寺で管長を務めた横田南嶺さんの講話に、

「樹木は根をはった分、枝を広げることができる。人もまた深く根を養ってこそ、世の中で活躍することができる」

という言葉があります。禅宗の教えに基づくものだそうです。これは、目の前に見える大きな木には、目には見えない地中に、それを支えるだけの大きな根があるからこそ、大きな枝葉を広げることができる、ということを意味しています。

私たちの成長も同じです。狭い視点からの目に見える成長のみで物事を見ていくのではなく、広く、いくつかの視点でトータルに成長を見ていくことが大切なのです。

自分や友達を評価する際には、いろいろな視点からがんばっていることを褒め、認め、励ますようにしていきましょう。そのことが、やる気を高めることにつながります。

しかし、なかなか自分の心の成長については意識しにくいと思います。そのため、周りの人たちが友達の心の成長を見付け、認め、褒めていくことが大切になってきます。周りから認めてもらえることで、自分では分からなかったよさや成長に気付くことができるのです。

だから、いろいろな場面で友達ががんばっていたり、よいことをしたりしていることに気が付いたときには、言葉にして伝えてあげるようにしましょう。伝えられた人は嬉しいと思います。もちろん皆さんだけではなく、校長先生をはじめ先生たちも、皆さんの心の成長をたくさん見付け、伝えていきたいと思います。また、お家の方にも同じように、心の成長が分かったときには褒めてもらうようにお話をしていきたいと思います。

みんなでそれぞれのよさやがんばりを認め、みんなで成長していく学校にしていきましょう。

勝

性別と社会的役割

トイレマークを新しくするとしたら？

皆さんに尋ねます。これまでに、理由もないのに、なんとなく勝手に決め付けてしまっていることはないでしょうか？　もしかすると、勝手な思い込みや決め付けのために、誰かが悲しい思いをしていることはないでしょうか？

身近な例から、もう少し考えてみましょう。学校や図書館、駅など、みんなが使用する建物には必ずあるものがいいですね。例えば「ＷＣ」というマーク……そう、みんなが使う大切なトイレは、どこにでもありますね。この「ＷＣ」という文字や絵などのサインやマークがあるお陰で、トイレの場所がどこなのかを誰でも知ることができますから、このトイレマークはとても大事ですね。

ところで、学校には男子用のトイレと女子用のトイレがありますが、それぞれのトイレマークを新しく直すとしたら、何色にしてみたいですか？　男子トイレは？　……女子トイレは？　……ピンク？　かわいいお花の色？　……どうして？　……女の子だから？　……でも、お花の好きな男の子だっているはずですよね。

男子はブルーで女子はピンクって、どこかに決まりがあるのかな？　いったい誰が決めたのでしょうか？　でも、そんなふうに決め付ける必要はないですよね。私が去年の三月までいた学校は、校舎を新しく建て直したときに、トイレマークのサインボードは男子も女子も区別なくオレンジ色にしました。それから、男女の区別なく誰でも使ってよい「誰でもトイレ」もオレンジ色です。

同じ色だと間違えてしまう人がいないかを心配する声もありましたが、同じオレンジ色のサインボードでも、男子用には「男子」、女子用には「女子」、誰でもトイレには「誰でもトイレ」という文字が白く書かれているので、誰も間違える人などいませんでした。さて、皆さんだったら、学校のトイレを何色にしてみたいですか？

トイレの色についてはここまでにして、話題をズボンに変えます。皆さんが今、身に着けているのは、ズボンですか、それともスカートですか？　……最近、近くの中学校でも、学生服のズボンとスカートについて、どちらでも自由に選べるように話合いが進められています。

例えば、スコットランドなどの伝統的なキルトという服装では、男性の服装がスカートになっていますし、これまでの考え方を見直そうという動きも少しずつ広がってきています。男子はズボン、女子はスカートしか選べなかったルールの在り方は、少し古くなってきているのかもしれませんね。

各国の男女の格差について行われた調査では、日本は、読み書きの力や、高校や大学への進学率などに関する教育の分野ではトップレベルなのに、残念ながら、働くことや国会議員の男女比などの経済や政治の分野において、男女の平等が進んでいない結果が報告されています。

私たちにできることは何でしょうか？

男女の平等について、まずは身近なところから考えてみましょう。

浩

性別と社会的役割

ピンク色のネクタイ

この前、みんなが休み時間に校庭で遊ぶのを見ていたときの話です。近くにいたお友達が、「あ、校長先生のネクタイ、ピンク色だ。男の人なのにピンク色だ」と言って笑っていました。

そうですね。男の人なのにピンク色なんて、おかしいですよね？　女の人なら文かりますけどね。校長先生は男の人なのに、ピンク色のネクタイとか服なんて、変ですよねえ？　おかしいよね？

……ん、おかしいのかなあ？　何がおかしいんでしょう？

男の子でも、赤とかピンクが好きな人はいるんじゃないかなあ。女の子だって、黒とか青が好きな人はいるでしょう。考えてみると、男の子が青や黒で、女の子が赤やピンクじゃなきゃいけないなんてことはないですよねえ。その人その人の好き好きなんですから。

ほかにも、何となく「男の子は、こう」「女の子は、こう」っていうことを身の回りに見かけるけど、本当にそうなのでしょうか？

例えば、「男の子は髪の毛が短くて、女の子は長い」とか。

「男の子は、泣いちゃいけない。強くなりなさい」「女の子はおしとやかでないといけない」とか。

「男の子は、乗り物とかロボットとか、かっこいいものが好き」「女の子は、お花とかケーキとか、可愛いものが好き」とか。

本当にそうなのかな？

長い髪がいい男の子だっているし、短い髪がいい女の子だっていますよね。男の子で強い子もいれば、優しくておとなしい子もいます。女の子もそうですよね？

乗り物やロボット、お花やケーキ、何が好きかなんて、男の子も女の子も関係ないですよね？　言い方を変えると、男の子だからみんな同じ、女の子だからみんな同じ、というわけではありませんよね。

自分が何かしたいとき、「男のくせに」「女のくせに」とか「男なんだから」「女なんだから」なんて決め付けられたら嫌ですね。

それぞれ、一人一人、好きなことも得意なことも、性格も、みんな違うということを忘れないでいましょうね。

校長先生は、ピンクが好きです。

宣

性別と社会的役割

男女の区別がない競技

令和三年の夏。東京2020オリンピック・パラリンピックが日本で開催されましたね。アスリートたちが全力を出して競い合う姿、互いのがんばりを称え合う姿を、今でもはっきり覚えています。

スポーツ、皆さんは好きですか？　校長先生は、自分でするのも、見るのも大好きです。

スポーツというと、男の人と女の人が別々に分かれて競い合う、というイメージが強いのかな？

実際に、オリンピックやパラリンピックの場では、男女別に行う競技種目のほうが多くなっています。

それが悪いことなんだ、という話ではありません。

スポーツの種類や競技、種目によっては、男性と女性の筋肉の力や、体格、骨格などの状況が違うので、同じ種目に参加しても、公平に競い合うことができないことがあると思います。男女共に出場できる機会を広げていくためにも、互いに同じ条件の中で、公平に競い合うためにも、男女別での競技種目は必要なのだと思います。

一方、男女混合で競い合う種目は増えています。リオオリンピックでは九種目でしたが、東京2020オリンピックでは倍の一八種目になりました。そのほとんどの種目は、男女でチームを組み、力を合わせて競い合う種目です。オリンピックでは、ただ一つだけ、男女の区別なく競い合う種目があります。それが「馬術」という競技です。知っているかな？

「馬術」というのは、人と馬とがペアになって行います。馬の動きの正確さや美しさを競う種目、タイム内に決められた順番で障害物を飛び越えていく種目、全ての種目を同じ人と馬とで行う総合的な種目があります。

「人間と馬との信頼関係に尽きる」といわれる馬術には、男女の違いは関係ないという考えに基づいて開催され、競い合われてきました。

人間と馬との人間関係が大切、ということで、六〇歳台、七〇歳台でも競技を続け、オリンピックに参加する選手もいる、というのもこの馬術競技です。

男女混合でペアを組み、あるいはチームを組む競技では、互いのよさや強みを尊重し、生かしながら競い合います。男女別の競技には見られない多様な作戦や戦術が生み出されることもあるようです。勝っても負けても、互いのがんばりを称え合う気持ちには、きっと格別なものがあることでしょう。

スポーツの話題を通して男女のことを考えてみました。大切なことは、男女の別はあっても、スポーツを楽しみたい、全力を出して取り組みたいという思いや価値、すばらしさは同じだ、ということです。そしてこれからも、全ての人がそのよさを発揮し、尊重し合い、一緒にすてきな活動を共有していけるといいな、と思っています。

徹

性別と社会的役割

ブラッド・ピットのスカート

今年も記録的な熱波に襲われたヨーロッパで、アメリカの人気俳優ブラッド・ピットさんが、最新作の上映会にスカートをはいて登場したという話題がありました。

ブラッド・ピットといえば、アメリカを代表する人気俳優。そのブラッド・ピットさんが、スカートをはいてたくさんの人の前に現れたというニュースは、インターネットを通じてまたたく間に世界に広がりました。

かくいう私も、びっくりしてすぐにネットの詳しい情報を追いました。これがそのときのブラッド・ピットさんの様子です（あれば写真を提示する）。

どうですか？　私は「ブラッド・ピット、やっぱりかっこいいなあ」と惚れ惚れしました。スカートをはいても、ブラッド・ピットはブラッド・ピット。よく考えてみれば当たり前のことです。それなのになぜ、ブラッド・ピットがスカートをはいたというニュースに、私はあんなに驚いたのでしょう？

皆さんは、「先入観」という言葉を知っていますか？　これは、ある物事に対してあらかじめもっている見方や考え方のこと。「思い込み」というと、より分かりやすいでしょうか。つまり、私は「スカートは女の人がはくもの」という先入観、思い込みがあったのです。だから、「あのブラッド・ピットがスカートをはくなんて、どうしたのだろう？」と思って驚いたのです。そんな先入観にとらわれていたことに気付いて、私は恥ずかしくなりました。

スカートは女の人がはくもの、ズボンは男の人がはくもの。そうでなければいけないのでしょうか？　教室を見回すと、ズボンをはいている女の子はいませんか？　別におかしくないでしょう。同じように、男の子がスカートをはいていたっていいのです。誰だって、自分の好きな服を好きなように着る自由があるのです。

このように、「男だから」「女だから」と、決め付けてしまいがちなことがほかにもたくさんありそうです。

「女のくせに野球をやるなんて」。……野球が好きな女の子が野球をやって、何が悪いのでしょう？

「めそめそ泣くなんて、男らしくない」。……男の人だって泣きたいときはあるし、泣いていいのです。

「赤ちゃんの世話は女がしたほうがいい」。……赤ちゃんの成長を見守る喜びは、お父さんだって味わいたいのでは？

「男なのに、男の人を好きなのは変だ」。……好きだと思う気持ちが変なんて、それこそ変です。

男の人の体と女の人の体は生まれ付き違います。ですから、得意なこと、向いていることに違いがあるのは当然です。互いの得意を生かし、協力して生活していきたいですね。でも、生まれてくるとき、自分で性別を選ぶことはできないのだから、「男らしく」とか「女らしく」ということにとらわれると窮屈です。

ブラッド・ピットさんは、なぜスカートをはいているのか聞かれて、一言、こう答えたそうです。

「そよ風だよ、そよ風！」

猛暑の夏、涼しいそよ風を求めて軽やかにスカートをなびかせるブラッド・ピット。男女の違いを超えて、最高にかっこいい人ではありませんか。

瑞

性別と社会的役割

女子は理系が苦手？

先日、校長室に来た二年生が、校長室にある歴代校長先生の写真を見て、「男の校長先生ばっかりだね」と言いました。そう言われてみれば、そうです。そこで、改めて考えてみました。「校長先生は、男性のほうが向いているのか？」。……答えは「NO」です。一番大事なのは、「この仕事が好き、いい学校にしたい」という思いです。男女関係なく、好きな仕事をやれている私は、幸せだな、と思います。

さて、ほかの職業についても考えてみましょう。以前に比べて、男女差に関する考え方は変わってきたものの、まだまだ「男だから」とか「女だから」という思い込みで、いろいろな可能性が奪われていることがあります。皆さんは、「理系」とか「文系」という言葉を聞いたことがありますか？「理系」とは、教科では理科や算数・数学、コンピューターや科学技術、建築、医学関係などを指します。「文系」とは、教科では国語や社会、文学や語学、法律、経済関係などが当たります。高校を卒業する頃に、進路選択で文系・理系のどちらかを選ぶことが多いのですが、理系の女性割合はどんどん減っていく傾向にあります。日本は、ほかの国に比べて特に低いそうです。

小学生の皆さんの中で、理科や算数が苦手なのは、女子が多いですか？　いやいや、学力テストの得点では男女の差はありません。プログラミングの授業は男子が得意ですか？　いやいや、男子も女子もプログラミングの授業は大好きで、どちらのほうが得意とか不得意とかいうことはありません。

それなのに、なぜ、大人になるにつれて、理系を選ぶ女子が少なくなってしまうのでしょう？

その理由の一つに、社会全体の思い込みが影響していることがいわれています。お家の人が子供に対して「男の子は理系、女の子は文系」という期待をすることがあったり、学校でも、理系の教科を教える先生は男性、文系の教科を教える先生は女性という割合が高かったりします。こういうことがあると、知らず知らずのうちに、自分自身もそう思い込んで、進路を決めてしまうことがあります。

理系分野に女性が少ないと、困ることがたくさんあります。お医者さんに女性が少ないと、女性のことを分かってもらえません。科学技術の発展とともに商品が開発されますが、男性の見方ばかりでは女性が使いにくいものになってしまいます。また、今はデータを分析していろいろなことに利用していきますが、集まったデータを男女に偏らないように分析するためにも、女性としての考え方が必要です。

これからの社会では、理系分野にも、女性の活躍がますます期待されています。皆さんが「男だから」「女だから」という思い込みで進む道を決めてしまうことがないような社会になってほしいものです。男女関係なく、自分の興味あることを見付け、生き生きと力を発揮できる分野を目指していってください。

性別と社会的役割

「看護婦」と「看護師」

今日はやりたいことができる社会についてお話をしたいと思います。

皆さんには、将来こうなりたい、という目標や夢があると思います。皆さんは、その夢の実現に向けて、学校や様々な場所で学習しています。学習というのは国語・算数などの勉強だけを指しているのではありません。みんなが協力して行うグループ活動や係活動、クラブ活動、地域での活動も大事な学習です。それらの学習の積み重ねが、将来の自分につながっていきます。

今は小学生ですが、これから中学校、高等学校等に進んでいきます。高等学校からは義務教育ではなくなるので、もしかしたら中学校を出て、夢の実現のために働く人がいるかもしれません。また、大学や大学院などに進んで、やりたいものに向かってがんばる人もいるでしょう。将来こうなりたいと思うことは、とても大事なことです。

やりたいものに向かっていく上で、校長先生が大切だと思っていることがあります。それは「『男性だから○○』『女性だから△△』とは考えないようにする」ということです。

少し前までは、「看護婦」や「スチュワーデス」など、仕事によって男女による呼び方が違ったり、仕事に就くこと自体が難しかったりすることがありました。

しかし、性別で仕事や役割を決め付けることはおかしいものです。現在は、日本も男女共同参画社会を目指しています。「男女共同参画社会」とは、「男女がお互いを尊重し合い、職場、学校、家庭、地域などの社会のあらゆる分野で、性別にかかわらず個性と能力を十分に発揮し、喜びや責任を分かち合うことができる社会」です。これらの考え方から「看護婦」は「看護師」、「スチュワーデス」は「キャビンアテンダント」というように呼び方も変わるなど、性別に関係なく活躍できるようになってきました。

だから皆さんも「消防士は危険で体力がいるから、男性しかできない」や「保育士は小さな子供が相手だから、女性の仕事である」などと考えないで、女子でも消防士になって地域の安全を守りたいと思ったら、消防士になれるよう努力したり、男子でも小さい子供の世話をしたいと思ったら、保育士になれるように努力したりしてほしいと思います。性別によってなれない仕事はほとんどありません。やりたいことをやれるようにがんばっていきましょう。

仕事だけではなく、家事なども性別によって役割を決め付けていくことはおかしいことです。家事といっても、いろいろな仕事があります。家族全員で話し合って、分担していくことが大切です。家事については、お家の人に任せるのではなく、手伝えることからやっていくようにしましょう。みんなが協力して、やりたいことができる社会にしていきましょう。

勝

性別と社会的役割

鉄道運転士は男性？

皆さんは「ジェンダー平等」という言葉を聞いたことがありますか？「ジェンダー」とは、日本語では「社会的性差」ともいわれます。世界の中でも、「男だから」「女だから」ということで、仕事や役割分担において差別を受けたり、社会の中で活躍する機会が少なかったりすることが問題となってきました。

「男女が平等なのは当たり前じゃないの？」と思う人が多いと思いますが、今の社会では、性別によって生き方や働き方が決められてしまうことがあるのです。そこで、世界中で法律や制度を変えたり、教育やメディアを通じて意識を高めたりする活動を行うことで、性別（ジェンダー）を問い直し、全ての人の権利を尊重し、性別に関係なくその人の個性や能力を発揮することができるような取組が行われています。

このジェンダー平等を実現しようとする試みは、ＳＤＧｓ（Sustainable Development Goals：持続可能な開発目標）、つまり「持続可能な社会・経済・環境」を目指す世界共通の目標の一つです。

ある調査によると、日本は、経済や政治の分野で男女の格差が大きいとされています。政治・経済の中で何かを決める場に、女性と男性が同じように参加したり、女性がリーダーになりにくかったりすることがその原因の一つです。また、仕事をしている人のうち、管理的な立場の人が、フランスやイギリス、アメリカに比較してかなり少ない割合となっています。なぜこうしたことが起きているのでしょうか？

一つには、ある調査によると、家事や子育てといった家族の世話をほとんど女性が行っていることが分かっています。この調査で二〇一一年と二〇一六年を比較してみても、この五年間で共働きで家事・育児を行っている夫の割合はほとんど変化がないことが分かりました。このように、女性が子育てと仕事とを両立する環境が整っていないため、男性と同様に社会に参画できる可能性が少なくなっており、結果としてリーダーや管理職になる割合が低いのではないかと考えられています。

また、別の調査では、大学の進学の割合を見ても、高校までは進学率に男女差はないのですが、大学や大学院などへの進学率は男女で差が見られます。また、社会科学、理工系、医学・歯学の進路を選ぶ女性が比較的少なく、大学の学生に占める女性の割合に偏りが見られます。

テレビドラマやマンガ、家族や親戚のお話などから、例えば「鉄道運転士は男性」「パティシエは女性」といった職業に関する性別のイメージが付いてしまっているといわれることがありますが、実際は女性の運転士や男性のパティシエもいます。自分の進路や職業については固定観念にとらわれず、本当に自分の興味のある進路を選択することが何より大切です。

これからの時代、「男の子に生まれてよかった」とか「女の子のほうが男の子よりよい」というのは偏りがある考えでしょう。しかし、世界の貧困地域では、古くからの偏見が残り、女の子が意見を言えず活躍の場が制限されることが多いことが現実にあります。女の子が自分のもつ力を発揮し、周囲が女の子の価値や能力を認めるようになれば、地域や社会が変わるといわれています。日本の社会だけでなく、世界にも目を向け、貧困や差別のない社会を実現するためにできることを考えていってほしいと思います。

玲

性別と社会的役割

「男らしい」「女らしい」は褒め言葉？

皆さんは、「男らしい」とか「女らしい」って言われたことがありますか？　そう言われて、嬉しく感じることがありますね。相手は褒め言葉として使ったと思いますが、「男らしい」って、どういうことかな？　「元気がいい」「力がある」「かっこいい」「潔い」……。では、反対に「女らしい」は、どういうことかな？　「優しい」「可愛い」「甲斐甲斐しい」「あたたかい雰囲気」……。

でも、よくよく考えてみると、元気があって、力があって、かっこよくて、潔い女の子はよくないのでしょうか？　優しい、可愛い、甲斐甲斐しい、あたたかい雰囲気の男子はよくないのでしょうか？　そんなことはないですよね？　でも、こういった思い込みが、日本全体に影響しているようです。

「世界ジェンダー・ギャップ報告書」というものがあります。これは、男女の格差を「経済」「教育」「健康と生存」「政治」の四種類の指標を基にランキング付けしたものだそうです。このランキングによると、日本は一四六か国中一一六位でした。教育などの分野では世界一位のランクとなっているのに、経済の分野では一二一位、政治の分野では一三九位となってしまいました。読み書きなどの教育では男女差がないのに、仕事で得る給料や働くチャンスを得ること、政治家や管理職になっている人の数などに男女差が大きいことが、はっきりしました。

このような男女格差を「ジェンダー不平等」といい、日本だけではなく、世界的な課題です。毎年三月八日を「国際女性デー」と位置付け、女性の社会参加と地位向上を訴える日として、様々な取組が進められています。最近、日本でも注目されているSDGsでは、「目標5」として「ジェンダー平等を実現しよう」を取り上げています。例えば、「料理は女がやるもの」「子育ては女がやること」と決め付けてしまうことはいかがなものでしょう。別に、男が料理をしても、男が子育てしてもいいですよね？　男女関係なく、協力し合うことが大切です。

この課題を解決するために、日本でも、女性や女の子も能力を発揮できる環境をつくり、政治や経済など様々な分野で活躍できる社会を目指しています。日本の会社でも、平等を呼びかけるイベントを行ったり、相談窓口をつくったりするなど、それぞれに取組を進めています。

どんな不平等があるのか、どんなことに悩んだり苦しんだりしているのか、なぜ、そのような不平等が起きているのかを知ることが大切です。それは、日本の古くからの考え方によるものかもしれませんし、ほかにも原因があるかもしれません。また、男女の差による不平等の事実や原因を探ることは、解決への第一歩となります。

遠い将来のことは分からないと感じている人もいるかもしれませんが、身の回りで起きていることから考えてみてください。そして、気付いた出来事があれば、そのことを基に、みんなが幸せになるためにはどうするとよいかを考えるきっかけにしてください。

麻

性別と社会的役割

あなたはどんな人?

皆さんは、Facebookというソーシャルネットワークサービスを知っていますか? 一般にはSNSと呼ばれていて、世界中の人たちとつながりをつくることができるコミュニケーションツールの一つです。

そのFacebookでは、自分を紹介するページを作成することができます。自分の名前、年齢、どこの国に住んでいるか、趣味や仕事なども書き込むことができます。世界中の人たちに「自分はどんな人か」を紹介して、仲間をつくることができます。その自己紹介では性別を書き込むことができるのですが、アメリカのFacebook上では性別が五八種類に分けられています。この話を聞いて、皆さんはどう感じるでしょうか?

最近、日本でも「男女」以外の性別について語られることが多くなってきました。世界中で男女以外の性別を認める世の中になってきています。以前は、生まれたときの性は、一生変わるものではないと考えられていました。では、皆さん、赤ちゃんを想像してみましょう。きっと、寝ている姿、泣いている姿、ミルクを飲んでいる姿くらいしか、思い浮かばないですよね? そのときの赤ちゃんが男の子か女の子かは、生殖器の違いでしか見分けることができません。

では、なぜFacebookには五八種類もの性別があるのでしょうか? それは、人が成長するにしたがって「見た目」と違う性を感じるようになる人たちが存在するということが認められてきたからです。皆さんの中にも、今は生まれたときの性をそのまま受け入れている人もいれば、「何か違う気がする」と感じ始めている人もいるかもしれません。赤ちゃんのときには感じることのなかった自分の性について意識するのは、皆さんの心と体が成長しているからです。

では、このように「見た目」の性と「感じる」性が違うのは、おかしなことなのでしょうか？　また、性別は、その人がどんな人かを決める上で、重要なことなのでしょうか？　皆さんは、ある人と出会ったとき、まずどんなことを考えますか？　最初に性別で何かを判断するでしょうか？　初めて出会った人とその先も関わっていきたいと思うのは、その人が「一緒にいて楽しい」「優しい」「思いやりがある」「安心できる」などが重要なポイントになりませんか？　こうしたポイントは、「性別」と関係なく、その人の「性格」によります。

最後にもう一度考えてみましょう。アメリカのFacebookの自己紹介に性別が五八種類用意されているということは、何を意味しているのでしょうか？　先生が最初にこの記事を目にしたときに感じたことは「五八種類もあるのなら、性別欄はなくてもよいのでは？」ということと、「性別に境界線を引くのは難しい」ということでした。けっきょく、性別で人は判断できないということにつながると考えましたが、皆さんはどう思いますか？

皆さんが成長し、社会の一員として世界を舞台に活躍する頃には、きっと人を性別で分けることはあまり意味のないことであるということに多くの人が気付き、行動するようになるでしょう。これまで当たり前と考えてきたことを見直し、人の性は多様であることを受け入れ、人の内面に魅力を感じられる大人になってもらいたいと願っています。そのために、皆さんには、様々な年齢、立場、ものの考え方や見方をする様々な個性をもつ人たちと出会い、その出会いから多くのことを学んでほしいと思っています。

タ

障害と共生

車いすで地下鉄と競争した人

もうすぐ、障害者週間が始まります。一二月九日は、一九七五年に国連で「障害者の権利宣言」が取り上げられた日です。この日に合わせ、日本では、毎年一二月三日から九日までを「障害者週間」としています。この時期に合わせ、ポスターや作文を全国から募集していました。皆さんと同じ小学生も、思いの込もったポスターや、心に訴える作文を応募し、紹介されています。ポスターは駅や街角にも掲示してあるので、見てくださいね。

さて、今日は、障害者週間を前にして、「障害」って何だろうと、皆さんに考えてもらいたいと思います。すでに、総合的な学習の時間に調べ学習をしたり、自分の身内に障害のある方がいたりして、「車いすを使っている人」とか、「耳や目が不自由な人」「福祉作業所などで働いている人」など、頭に浮かんでくる場面があると思います。生まれついたときから障害のある人もいるし、事故や年齢のせいで人生の途中から障害を負うこともあります。「障害」といっても様々です。しかし、障害があると何に困るのでしょうか?

皆さんは、YouTubeをよく見ると思いますが、先日、おもしろい、だけど考えさせられる動画を見ました。

イギリスの話ですが、「車いすで地下鉄と競争」というタイトルです。普段、車いすを使っている男性が、ロンドンの地下鉄のある駅で降りて、そのまま次の駅まで猛スピードで走り、その同じ電車にまた乗ろうとする内容です。本当に試しているのです（可能であれば、実際に動画を流す。'Race The Tube - In a Wheelchair'）。

さあ、乗っている地下鉄の車両のドアが開きました。地下鉄を降りて、猛ダッシュでホームから通路へ。改札口では駅員が扉を開けて待っています。そこを抜けて道路に出ます。ここまで、ほとんど段差もなく、スムーズです。

更にスピードアップして道路をひた走ると、次の駅の入口が見えてきます。さっき乗っていた地下鉄も次の駅に到着しそうです。でも、車いすは速い！　入口から改札口へ入り、通路をひた走ると、地下鉄が到着する頃には、ホームに着きそうです。

一分二〇秒、三八〇メートルの手に汗握る競争は、やった！　地下鉄に車いすで勝利した！　……というはずでしたが、ガーン！　なんと最後にホームに降りるためには、目の前に階段が……。この階段は車いすでは降りられません。助けてくれる人もいません。この男性、がっかりです。

皆さん、この話を聞いて、どう思いますか？　車いすは移動に制限があるから、車いすを使うことが「障害」なのでしょうか？　もし、階段がなくて、この競争に車いすが勝っていたら、何も不便なことはありませんでした。この男性にとっての「障害」は車いすではなく、階段だったわけです。自分たちの身の回りにも、いろいろな人がいます。どうしたらみんなが暮らしやすい社会になるでしょうか？　考え続けてください。

と

障害と共生

友達に隠していたお兄さん

りんさんは、新しくお友達になったなおさんとさとしさんから、「りんさんの家で一緒に遊びたい」と言われて、とても嬉しくなりました。皆さんも、お友達から遊びに誘われたら、嬉しくなりますよね？

りんさんは、その日、家に帰るとすぐにお母さんにそのことを伝えました。するとお母さんは、「お友達はけんちゃんのこと知ってるの？」と、少し困った顔でりんさんに聞きました。お母さんが困った顔をして聞いた「けんちゃん」とは、誰なんでしょう？　どうして、お母さんは困った顔をしたのでしょう？

けんちゃんはりんさんより三歳年上のお兄さんです。とても小さく生まれてきました。お医者さんも看護師さんも、命を助けようと一生懸命でした。それで、命は助かったのですが、命と引き換えに目が見えなくなってしまいました。

りんさんのお父さんもお母さんも、目を見えるようにしてくれるお医者さんはいないかと、たくさんの病院を訪ねては、「目が見えるようにしてほしい」と訴え続けました。一年、二年と時が経ち、りんさんが生まれてからは、けんちゃんは目が見えないだけではなく、上手にお話をすることができない障害があることも分かりました。それでも家族は、命があることだけで幸せだと思えるようになりました。

りんさんは「けんちゃんのことをお友達に言わなくちゃ」と思いますが、なかなか言うことができません。りんさんは「けんちゃんのことを話すと、お友達が遊びに来てくれなくなるんじゃないかな?」と考えたのです。

さあ、皆さんのお友達の家にけんちゃんがいたら、どうしますか? 遊びに行くのをやめますか? りんさんは、お友達が遊びに来てくれなくなると思って、お友達にけんちゃんの話ができずにいます。皆さんがりんさんだったら、どうでしょう?

けっきょく、りんさんはお友達に話せませんでした。お母さんには「話したよ」と嘘をついてしまいました。二日後、なおさんとさとしさんが、りんさんの家に遊びに来ました。三人で楽しく遊んでいると、目の見えないけんちゃんが手を前に突き出しながら、りんさんたちの部屋に入ってきました。するとなおさんが「きゃー、おばけ!」と声を上げて、部屋から飛び出してしまいました。なおさんに驚いたさとしさんも、慌てて部屋を飛び出してしまったそうです。一人になったりんさんは、玄関まで逃げて行ってしまった二人を追って、部屋を出ました。大きな声がしたので、お母さんも玄関に出てきました。

お母さんは、なおさんとさとしさんに「びっくりさせちゃって、ごめんね」と、優しく声をかけていました。続けて、「りんのお兄ちゃんで、けんちゃんっていうの。目が見えないから、動き方がみんなと少し違うかもしれないけど、ものや人にぶつからないように、家の中では手を前に出して動いてるんだよ」「みんなみたいに、上手にお話ができないけど、みんなの話はちゃんと聞こえてるんだよ」と説明してくれました。

そばで話を聞いていたりんさんは、自分ではできなかった説明をお母さんがしてくれて、とても安心しました。そして、このことがあってから、ほかの友達も家に遊びに来るようになりました。もちろん、けんちゃんのことは、りんさんが上手に説明できるようになりました。

タ

障害と共生

「ちがい」は何かな？

今日は皆さんに若草学級（特別支援学級の学級名）のお話をしたいと思います。

最初にイラスト①を見てください。いろいろな人がいますね。男の人もいれば、女の人もいる。日本以外の国の人もいるようです。それぞれの人が違うことについて、何か問題がありますか？　何も問題はないですね。みんな仲よくしていることは、とてもよいことだと思います。

次に、イラスト②③④の三枚をお見せします。それぞれどこが違うか、考えてみてください。どうですか？
②のイラストは男の人と女の人、③のイラストは眼鏡をかけている人とかけていない人、④のイラストは歩いている人と車いすに乗っている人。目に見える違いは、今、校長先生がお話ししたようなことでしょうか。
しかし、それ以外にも違いがあるかもしれません。例えば、②のイラストの男の人と女の人の算数の分かり方についてはどうでしょうか？　イラストを見ただけでは判断できませんが、もしかしたら、パッと見て分かる人、ヒントをもらって分かる人、友達と相談をして分かる人、時間をかけてゆっくり考えたら分かる人、繰り返し練習をすると分かる人など、二人の間でもいろいろな違いがあるかもしれません。

目には見えませんが、人それぞれ、分かり方の違いがあることはよくないことでしょうか？　そんなことはないですね。だって、どんな人でも、分かると嬉しいし、分からないと悲しい。皆さんも、自分の分かるやり方で学ぶほうがいいと思うでしょう？

最後に⑤の写真を見てください。どう感じますか？「この子は怒っている」「怖い」「にらんでいる」。でも、怒ってもいないし、にらんでもいないということもあります。

若草学級には、友達と仲よくしたいけれどお話しするのが苦手な人、大きな音が苦手な人、たくさんの人がいるとドキドキしちゃう人、周りのことが気になってしまう人など、様々な人がいます。自分に合った分かり方で学ぶために、人数が少ないクラス、若草学級で学んでいるのです。苦手なこともありますが、勉強ばかりではなく、友達と仲よくするためのコツや、最後までがんばることなども学んでいます。

みんなと学び方が違いますが、若草学級で学んでいる人は、誰よりもがんばっているすてきな人ばかりです。若草学級の人と、これからも一緒に、学校で仲よく生活していきましょう。

勝

イラスト(①)

イラスト(②)

イラスト(③)

イラスト(④)

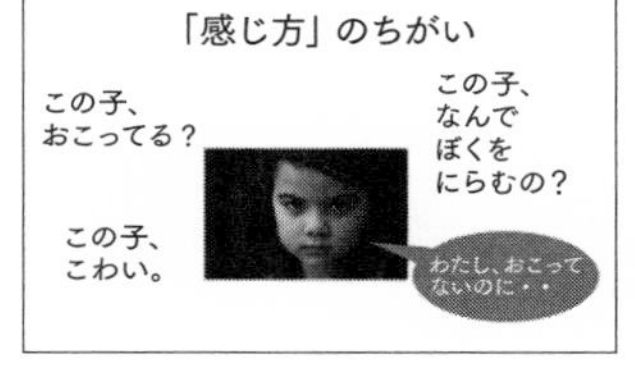

写真(⑤)

障害と共生

不撓不屈

令和三年九月五日、東京２０２０パラリンピック大会の閉会式が行われ、一三日間に及ぶ熱戦の幕が下ろされました。日本は最終日、なんと三つの金メダルを含む八つのメダルを獲得しました。これにより、大会を通してのメダル数は、一七年前のアテネ大会に続く歴代二位となる、五一個になりました。

もちろん、メダルの数が全てではありません。しかし、メダルを、勝利や記録更新を目指してひたむきに努力してきた選手へのごほうびなのだと考えれば、多くのメダルを得られた東京２０２０大会は、私たちにとっても、嬉しく思い出に残る大会だったといえるのではないでしょうか。

パラリンピックの選手たちの姿を見ていると、思い浮かぶ四字熟語があります。「不撓不屈」――。高学年の人は読めるかな？　そう、「ふとうふくつ」です。どんな苦労や困難にもくじけない様子を表す言葉です。

一昨年本校に来てくださった高田千明選手は、陸上視覚障害クラス走り幅跳びで五位に入賞しました。残念ながらメダルには一歩届きませんでしたが、自分がもっている日本記録を五センチメートル更新する、すばらしいジャンプを見せてくれました。

高田選手は全く目が見えません。何も見えない状態で思い切り走り、その勢いを使って力強く跳ぶ。どんなに勇気のいることでしょう。アイマスクを着けて走る体験をした高学年の皆さんは、その怖さがよく分かりますよね？

走る場所が見えないのだから、まっすぐ走ることが難しいだけでなく、踏切を間違えれば硬いトラックの上に着地して、大けがをする危険もあります。高田選手は、そんな恐怖心を乗り越えるために、声でサポートする大森盛一さんと力を合わせ、一センチでも遠くへ跳ぼうと努力を重ねました。

また、今回の大会で日本初となったメダルを含む二つの銀メダルを取った、背泳ぎの山田美幸選手は、生まれつき両腕がありません。両脚の長さも左右で違っています。

皆さんが学習するクロールや平泳ぎは、腕と脚の動きで前進しますね。バタ足は脚だけで進みますが、両腕で舵を取って進む方向を調整します。腕を使わず泳ぐことなど、皆さんにとっては不可能に思えることかもしれません。

山田選手は、両腕の代わりに、両脚はもちろん、身体全体の使い方を工夫して泳ぎます。脚の長さの違いから、左右で水をける方向を変えたり、肩の回転で水の流れをつくって進む力にしたり、頭を傾けることで曲がらず進めるようにしたり……そして、最高の舞台で最高の泳ぎを見せました。

目が見えないことや腕がないことでの苦労や困難は、私たちの想像をはるかに超えるものでしょう。しかし、高田選手も山田選手も、そのハンデに向き合い、自分にできる精一杯の工夫と努力を続けて、見事な記録を残しました。その不撓不屈の精神に心の底から拍手を送りたいです。

誰だって、苦手なことや、嫌だなあ、つらいなあと思うことはあるでしょう。それとどう向き合い、乗り越えるか――。パラリンピアンの活躍から、皆さんはどんなことを考えましたか？

瑞

障害と共生

車いすバスケットボール体験から

先日、五年生の出前授業で、車いすバスケットボールの選手が来校し、講演と車いすバスケットボール体験を行いました。講演では、パラリンピックでメダルを取るために努力してきたことや、これまでの経験についてお話をしていただき、一人一人が夢をもって諦めずに努力し、身近な人や周りの人への感謝の気持ちをもって生きていってほしいというメッセージをいただきました。講演の後は、クラスごとに、競技用の車いすに乗ってシュートを打ったり、ボールを抱えて車いすで走ったりする体験を行いました。

皆さん、車いすバスケットボールを知っていますか？　最近はテレビなどでも取り上げられてきているので、見たことがある人もいるかもしれませんね。普通のバスケットと違って、金属でできている車いすに乗っているため、選手同士がぶつかると火花が散ることもあるそうです。

講演会では、車いすに乗ることになった理由について聞き、五年生は、誰にでも起こり得る可能性があること、車いすに乗っている人と自分は同じ人間であることを実感しました。選手から、「みんなの中には眼鏡をかけている人がいるけれど、自分にとっての車いすは、その眼鏡と一緒」という言葉がありました。障害があっても、例えば車いすに乗ることで、できないことをできるようにしたり、道具を使ってもできないことがあったとしても、今自分にできることをがんばったりすることが一番大切だと、伝えていただきました。

講演と体験の間の休み時間に、数人の五年生の人が選手とお話をしていました。その様子を見ていたら、選手の腕や脚を触らせていただいている人がいました。触らせてもらっていた人にその理由を聞くと、自分たちの腕とは全く違う太さで、筋肉も硬くて、驚いたからだと言っていました。車いすを動かすのも、バスケットボールを扱うのも腕で行うため、腕のトレーニングが大切なのだそうです。

体験後に感想を聞くと、「障害があるから車いすに乗っていると思っていたけれど、普通のバスケットボールよりも激しい動きになる瞬間もあって、かっこいいと思ったし、自分もやってみたいと思った」と話していました。また、「障害があるということは、何かができないということもあるけれど、がんばれば別のことができることだとも思った。自分も、できないからとイライラするのではなく、できることからがんばってみようと思った」と話している人もいました。『眼鏡と車いすが同じ』という言葉にびっくりした」と言っていた人もいました。

今の日本の社会は、障害があることで生きづらいことがたくさんあります。四年生が車いす体験で調べたところ、自動販売機で飲み物を買おうとしても、車いすに乗っているとお金を入れるところに届かない機械があるそうです。でも、最近は少しずつ改善されてきています。また、視覚障害のある方に分かりやすいように、小さなでっぱりが付いているシャンプーやリンスがあることも、四年生が紹介していました。様々な障害に応じて、同じようなことがたくさんあると思います。

身の回りをよく見て、様々な障害がある人も、高齢の方や小さいお友達も、誰もがみんな幸せに安全に過ごせる社会にするために、何ができるのかを考えていきたいですね。そして、今、自分ができることから始めてみましょう。

麻

障害と共生

一二月三日は何の日？

一二月三日は何の日でしょうか？　……そうです、「国際障害者デー」です。新聞やニュースで聞いたことがある人もたくさんいますね。初めて聞いた人もいるようですから、少し説明しましょう。

障害の有無に関わりなく、誰もが人間らしい生活を送る権利があります。その権利をみんなで守ることを目的とした国際的な記念日が国際障害者デーです。今から約四〇年前の一九九二年一二月三日の第三七回国際連合総会で「障害者に関する行動計画」が採択されたことを記念して、毎年一二月三日は国際障害者デーとなっています。

ところで、「バリアフリー」という言葉をよく耳にしますよね。一年生にも分かりやすく説明すると、バリアフリーとは、障害のある人も障害のない人も区別なく、誰でも使いやすいかどうかを考えるときに使える言葉だと思ってください。

それでは、今から少し、みんなでバリアフリー探しをしてみましょう。

例えば、校長先生がけがをして、明日から自分の足で歩くことが難しくなったとしたら、どうやって学校に来たらいいかなあ？　……車いすを使う、うん、それはよいアイディアの一つだね。いつもの玄関には車いすで通れるスロープがあるから大丈夫だけれど、屋上へ出るための階段はどうしたらいいかな？　……エレベーター？そうだね、屋上まで行けるエレベーターがあったらバリアフリーだよね。

私たちの学校が、もっともっと、バリアフリーいっぱいな学校となるために必要なアイディア……屋上まで行けるエレベーターのほかにも、考えてみるといろいろありそうですね。誰でも使えるバリアフリートイレは、今はまだ一つしかないけど、二階や三階にもあったらいいよね。

障害があるか、ないかだけではなく、例えば隣の幼稚園の子でも、あるいはお年寄りの方でも、地域に住んでいる誰にとっても、みんなが使いやすい学校や公共施設がこれから先の将来、どんどん増えていくことでしょう。そのためにも、私たちが住むこの社会には実に様々な人々が暮らしていることをみんなが理解していることが大切になります。

最後に、特別支援学校に通っている友達との交流について紹介します。

時々、普段は○○特別支援学校や△△ろう学校に通っている友達が私たちの学校の教室に来て、その日は一緒に勉強をしていますよね。その中には、□□小学校でみんなと一緒に勉強することがとっても楽しかったので、将来的には□□小学校に毎日通って、みんなと一緒にこの学校を卒業したいと考えてくれる友達がいるかもしれませんね。とても楽しみなことです。

浩

障害と共生

誰のためのものだろう？

この前、○年生と遠足に出かけたときのことです。交差点で信号待ちをしていたとき、一人の子がこんなことを言いました。

「そこの黄色いところの上では待たないほうがいいよ」

「そこの黄色いところ」というのは、これ（図1）です。皆さん、道路を歩いているときに、地面にこういう黄色いブロックが並んでいるのを見かけますよね？　黄色くて丸い凸凹があるブロックです。

何のための道具か知っていますか？　そうです。これは、目の不自由な人たちが困らないための「点字ブロック（視覚障害者誘導用ブロック）」というものです。

こういうブロック（図2）も見たことがありますか？　こちら（図1）は「危ないですよ」ということを知らせるもので、こちら（図2）は歩いていく方向を知らせるためのものです。

○年生のお友達の言った「そこの黄色いところの上では待たないほうがいいよ」と

図1

図2

いう意味も分かりましたね？　点字ブロックの上に私たちが立ち止まっていたり、自転車が停めてあったりすると、視覚障害のある人たちが点字ブロックを使えないんですね。

次はこれです。電車などで、こんな絵（図3）を見かけますね。何のお知らせか知っていますか？　そうです。これは、乗り物の中で「優先席」を知らせる絵です。

「優先席」というのは、この絵のような人たちに先に座ってもらいましょう、席を譲りましょう、という席です。

絵には、赤ちゃんがいるお母さんやお年寄り、けがをしている人などが描かれています。電車の中で、立っていると危なかったりつらかったりする人がいるんですね。

図3

街の中や建物の中、電車などの乗り物の中を見回してみると、こういうマークやお知らせがたくさんあります。見ることが難しい人のための、駅の券売機やエレベーターの中の点字。聞くことが難しい人のための、トイレの場所を伝える音声や、信号機の色が変わったことを知らせる音声。

自分にとっては気にならないものかもしれませんが、それがとっても大事な人がいます。自分と関係ないと思うかもしれませんが、自分や自分の友達が病気やけがをして、立っていることが大変なときがあるかもしれません。お家の人が小さい子を連れて乗り物を使うこともあるでしょう。

今日、皆さんに見せたのは、みんなのためのマークやお知らせです。ほかにどんなものがあるか、どんなことに気を付けたらいいか、クラスで話し合ってみてください。

宣

障害と共生

みんなが過ごしやすい町

町で暮らすみんなが過ごしやすく楽しい場所になるような様々な工夫のことを「バリアフリー」といいます。皆さんの町や学校、病院、図書館のバリアフリーにはどんなものがあるでしょうか？　考えてみましょう。

まず、学校にはどんな工夫があるでしょうか？

いくつか見ていきましょう。

黒板は、左右にカーブして光が反射しにくくなっています。チョークも、色が見分けにくい人でも見やすい色を使っています。

学校の玄関には、車いすを利用する人や、杖を持った人が上がりやすいように、緩やかなスロープがついています。

授業では「黒板がよく見えること」「分かりやすいこと」を考えて、プロジェクターやタブレット端末を使って拡大しています。大型ディスプレイも教室にあるので、発表やデジタル教科書を映しています。

小学校や中学校には、子供たちが苦手だったり難しかったりすることに対応する特別支援学級があります。個人に合わせた授業内容で学んでいます。

次に、町にはどんな工夫があるでしょうか？

役所には外国の人も多く来るので、タブレット端末の翻訳機を使ったり、外国語のできる職員が対応したりしています。点字や手話で障害のある人と話すことも多くあります。

様々な人が使いやすいように、多機能トイレが設置されています。誰でも使うことができますが、車いすを使う人や体が不自由な人が優先して使えるように、配慮しましょう。

みんなが過ごしやすい町や学校をつくるためには、施設を工夫することだけでなく、体の不自由な人が使いやすいように配慮していくことが大切です。

電車の中の優先席に、若い人がスマホを見ながら平気で座っていて、高齢者や小さい子供が立っている光景を時々見かけると、バリアフリーの意識に変えることの大切さを強く感じることがあります。皆さんはどうでしょうか？

困っている人に優しく声をかけ、共に気持ちよく過ごすために、それぞれができることを考え、実行するようにしていきたいものです。

玲

障害と共生

「差あれど、別なし」

「差あれど、別なし」

校長先生が大切にしている言葉です。校長先生は、ひまわり学級（特別支援学級の学級名）と同じようなクラスで、ずっと先生をしてきました。そのときに出会い、そして今でも大切にしている言葉です。

昔、大きな戦争がまだ起きる前のことです。その頃はひまわり学級のようなクラスはありませんでした。でも、当時の小学校では、うまくできないことが多く、なかなか力を発揮できなくて悲しい思い、つらい思いをする子供たちがいました。貧しい時代でもあり、毎日の生活にも苦労することが多かったと聞きます。

そんな中、今では「特別支援教育」といわれていますが、そのような子供たちが安心して過ごし、苦手なことにも挑戦でき、成長していけることを願い、ひまわり学級のようなクラスをつくった方々がいます。

障害があっても、たとえ厳しい環境にあっても、全ての子供たちが社会の中でたくましく、楽しく豊かに生きていく姿を願い、大切にした言葉が、この「差あれど、別なし」だと聞いています。

世の中にはきっと、全く同じ人というのはいないのだろうなと思います。

一人一人、人間として「その人らしさ」があり、「差」、違いがあるわけです。人はもともと「差」があるのが当たり前。「差」はあっても、一人一人、人としての尊厳や、生きる存在としての価値は同じ。「別なし」なんです。

違いがある、差があるのが当たり前なのに、人はその違いや差で必要のない区別をしたり、否定したり、排除しようとしたりすることがあります。皆さん、心当たりはありませんか?

先ほど「障害」という言葉を使いました。「障害」って、誰かがもつもの、誰かの中にあるもの。そういうものではない、と校長先生は考えています。でも、「障害って何だろう?」って、すごく難しいテーマですね。人は誰でも「がんばろう!」「幸せに生きたいな」という願いがあります。でも、それを妨げたり、困難にしたりするものがあるとすれば、それが「障害」なんじゃないか。もちろん、ほかの考え方もあることでしょう。一人一人の「差」や違い、「個性」を理解しない、認めない、寄り添うこともできない。そんな人の関わりこそが、誰かの一番大きな「障害」となってしまうのかもしれません。

「校長先生はどうなんですか?」。もしそう尋ねられたら、胸を張って答えられないかもしれません。でも、だからこそ、この「差あれど、別なし」の思いを大切にして生きていきたいと思っています。

これからは、誰もがその命を輝かせ、豊かに関わり合い、幸せに生きていくことができる「共生社会」をみんなで築いていくのです。皆さんには、その「共生社会」のよき担い手へと成長していくことを願っています。

そして何よりも、あなた自身が自分の力を存分に発揮して、幸せに生きていくことを願っています。

徹

恐竜が絶滅したのはなぜ?

昔々、それはそれは、はるか大昔の時代。この地球上には恐竜たちが生きていた、という話を聞いたことがあると思います。当たり前ですが、実際に見たことがある人はいません。

でも、世界各国で、そして私たちが住む日本でも、数多くの恐竜の化石が発掘され、恐竜が生きていたことが証明されています。化石からはるか昔の生き物たちの息吹を感じる。何だか壮大でロマンチックですね。

でもなぜ今は、恐竜がいないんだろうね?

研究によると、巨大な隕石が地球にぶつかって、自然の環境が大きく変わってしまったため、ほとんどの生物が絶滅してしまい、その影響で恐竜も生き続けられず、絶滅してしまったらしいです。

それでも生き残った生物がいて、地球上の様々な環境の中で生きていける、その環境が変化しても耐えていけるように「進化」、つまり生物としてのモデルチェンジを繰り返して今につながっているわけです。

でも今、私たち人間も含めた生物に危機が迫っているといわれています。

さて、ここでクイズです!

今、地球上に生きている動物の種類はどれくらいでしょう？　「動物」というのは、人間や犬、牛などの哺乳類だけでなく、カブトムシやバッタなどの昆虫、魚類なども含まれます。

①約一万三七〇〇種類、②約一三万七〇〇〇種類、③約一三七万種類。

正解は③の約一三七万種類です。研究したグループなどにより数値の差はあるようですが、百数十万種類の生物がいるといわれています。

一言で「地球上に生きている」といっても、生きている環境は様々です。その環境の多様さ、豊かさが生物の進化、モデルチェンジを支えてきたのかもしれません。でも今、その豊かな環境が脅かされています。

どうやら、私たち人間が、自分たちの都合で急速に開発を進めてきたことが、自然環境に大きな影響を及ぼしているようです。これまでなかったような気候変動や気象災害が起きています。森林が消えてしまったり、緑豊かな土地が砂漠のようになってしまったり、海水の温度が変わり、海の生き物にも大きな影響を与えたりしています。そのために、絶滅してしまいそうな生き物が、毎年約四万種類もいるといわれています。みんながよく知っているアジアゾウやチンパンジー、パンダなども含まれているんです。とても心配です。

生物はお互いに影響し合いながら、そして支え合いながら生きています。そしてそれを包んでくれているのが、地球の多様で豊かな自然環境です。それはいつまでも続いてほしいことですね。

地球全体という大きな視野で見つめ、考えてみる。そして、自分たちの身近なところに目を向けて、できることに取り組んでみる。

みんなでそんなことを心がけてみませんか。

徹

生命と環境の豊かさ

ネズミが増えた原因

皆さんは「ネズミ」というと真っ先に何を思い浮かべますか？　多くの人がミッキーマウスを想像するかもしれません。あるいは、『ねずみくんのチョッキ』のねずみくん？　『トムとジェリー』のジェリーでしょうか？　しかし、実際のネズミは、それほど可愛いばかりのものではありません。昔々、ヨーロッパでたくさんの死者を出した伝染病は、ネズミが病原菌を運んだことで大流行したそうです。また、現代では、電気用品の不具合の原因はネズミがかじった配線だった、なんてこともよく聞きます。

さて、ここのところ、私たちの町でそのネズミが増えているようです。実際、学校でも、学級園のサツマイモがネズミの被害に遭いましたし、何人もの人からネズミの目撃情報も聞きました。少なくとも私がこの学校に来てからそんなことはずっとなかったのに、どうして急にネズミが多く出没するようになったのでしょう？

一つなるほどな、という説を聞きました。

駅の向こうにあった屋敷森が、駅前開発の関係で姿を消したことを知っている人もいるでしょう。皆さんはあまり意識していなかったかと思いますが、あの森には、フクロウの仲間が住み着いていたそうです。しかし、森がなくなったことで、フクロウたちは別の住処を求めてこの一帯からいなくなったというのです。

フクロウはネズミを餌としています。つまり、ネズミにとってフクロウは天敵なのですが、その天敵がいなくなったものだから、ネズミの数が一気に増えたのではないか……。ありそうな話ではないですか。

駅前を便利にするために、屋敷森をなくす。屋敷森がなくなると、フクロウがいなくなる。フクロウがいなくなると、ネズミが増える。ネズミが増えると、私たちの生活に悪い影響が出る。

私たちの生活を便利にしようと計画された駅前開発ですが、思わぬところで私たちの生活が脅かされることになりました。もしかしたら、同じようなことが、地球規模でも起きているのではないでしょうか？

皆さんは、「生物多様性」という言葉を知っていますか？　地球上に生きる命は、私たち人間をはじめ、イヌやネコのような動物、メダカやマグロなどの魚、アサガオやイチョウの木などの植物、土の中のバクテリアや体の中の大腸菌など、様々な姿をしています。こうした生き物たちの命のつながりを生物多様性と呼びます。

どんな命も、それだけでは生きていけません。人が生きていくには食べ物が必要ですが、食べ物は肉も魚も野菜も、もとはみな生き物、つまり命です。様々な命はバランスを保ちながら、必ずどこかでつながっています。ですから生物多様性を守ることは、私たちの命を守ることにほかなりません。

しかし、人間が自分たちの快適さ、便利さのために、そうと気付かないうちに命のつながりのバランスを崩しているとしたら……。生き物の命のつながり、多様性について、興味をもった人はぜひ調べてみてください。

瑞

生命と環境の豊かさ

多摩川の環境を守る

今日は東京を流れている多摩川についてお話をしたいと思います。

多摩川は、山梨県の笠取山から始まり、その後東京都の多摩地区と神奈川県川崎市を流れ、羽田空港のある河口まで約一三八キロメートルの一級河川です。

ただし、校長先生が子供時代の一九七〇年頃の多摩川は、大変汚い川として有名でした。というのも、今のように下水道などが整備されておらず、川沿いの家などから生活排水が、そのまま多摩川に流されていたためです。白い泡がぷくぷくと浮いている映像は、とても強烈に覚えています。

その後、みんなで公害をなくし、多摩川をきれいにしようとする活動と、水再生センターなどの汚い水をきれいにする設備を整備していった結果、現在では、とてもきれいな川に生まれ変わってきました。最近では、清流を代表する魚であるアユが、一〇〇万匹以上も海から上って来るようになっています。一度汚れてしまった自然も、みんなできれいにしようとする活動を地道にしていけば、元に戻り、きれいになっていくというよい見本だと思います。

では、これで多摩川に問題がなくなったかというと、そういうわけでもありません。今、また違った問題が起こっています。

それは、外来種問題です。皆さん、お祭りなどで、ミドリガメを見たことがありますか？　四～五センチメートルくらいの大きさで、とてもかわいいカメです。では、ミドリガメはどのように成長していくかまで知っていますか？　ミドリガメはミシシッピアカミミガメの小さいときの呼び名で、大人になると二〇センチメートルを超える大きさになり、寿命も長いです。そのため、家で飼いきれなくなった人が、川や池に放してしまうことがあるのです。

現在、多摩川では、ミシシッピアカミミガメだけではなく、熱帯魚のグッピーやブラックバス、ブルーギル、ハイギョ、アメリカナマズ、そしてピラニアなど、世界中の魚が住んでいるといわれています。昔からの多摩川にいるわけがありませんから、誰かが多摩川に放し、住み着いたわけです。

いろいろな魚が住めるということは、それだけ多摩川が豊かな川になっているといえるかもしれませんが、一方で、もともと多摩川にいた魚の数が減り、絶滅してしまうことにもつながります。実際、多摩川にはメダカがいなくなったそうです。

多摩川の環境を守るために、外来種の魚を多摩川に放流しないよう「お魚ポスト」の活動をしている方々がいます。皆さんも、身近な環境をよくするためにはどうしていったらよいかを考え、それぞれができる活動をしていきましょう。

勝

生命と環境の豊かさ

エサやりがクマを殺す

毎年九月二〇日から二六日は、動物愛護週間です。お家でペットとして、犬や猫、小鳥やお魚など、可愛がって、大切に飼っている人も多いと思います。

しかし、今日は、ペットとして飼われている動物ではなくて、野生動物と人が共に生きていくことの大切さや、大変さについてお話ししたいと思います。

この夏休みに、私は、北海道の知床半島に旅行に行きました。そのとき、休憩するところのトイレにポスターが貼ってありました。それには、ヒグマが学校の校庭で倒れている写真に、「エサやりがクマを殺す」と書かれていて、かなりショッキングなものでした。

なぜ、殺さなければならなかったのでしょうか？　動物を愛護しなければならないのなら、愛して護るべきでは……と思いますよね？

でも、このヒグマは人に飼われている動物ではなく、野生の大型の動物です。

出典：公益財団法人知床財団

生き延びていくためには、人間と出くわしたら、襲うこともあります。実際に、エサを求めて人里に出て来て、農家の人が一生懸命育てた小麦や野菜を荒らしたり、漁師の人が獲った魚や昆布を荒らしたり、そんな被害も出てしまっています。このポスターのヒグマは、知床を旅行で訪れた観光客が投げ与えたソーセージを食べてしまい、人間のいるところにはおいしいものがある、と知ってしまったのです。

そうなると、いくら追い払っても人里から離れなくなってしまいます。とうとう子供たちが通う小学校の近くまで現れるようになってしまいました。地元の人たちが安心して暮らすには、射殺するしかなくなってしまったのです。人間が動物のお腹を満たそうとしてあげたエサが、最終的にはその動物の命を奪ってしまうことになるのです。残念ながら、こうやって仕方なく殺されるヒグマは毎年いるのです。

知床は、世界的に見てもヒグマが高い密度で生息しており、四〇〇～五〇〇頭いるそうです。知床で生活している人や、知床の自然を大切にしている人たちは、このようにヒグマを殺してしまわないで済むように、ヒグマの保護と人間が生活することを両立できるような方法を考えています。それなのに、観光客の不注意が、知床の人たちの苦労を無駄にしてしまいます。直接世話をしたりして保護することではありませんが、人々の安全を確保するためには、それぞれの活動エリアをしっかり分ける対策を徹底する、出会わないことが重要なのですね。

野生動物を守りながら、人間も一緒に生きていくということは、皆さんがペットを可愛がることとは違い、厳しいことがたくさんあります。簡単にエサをあげたり、人間と仲よくしたりすることはできません。でも、人間だけが生き残ればいいわけではありませんよね？　人間も野生動物も、この地球上で、共に生きていかなければなりません。そのためには、どうしたらよいか、皆さんも考え続けてください。

と

サーフィンをするサンタクロース

先生には、オーストラリアにお友達がいます。お友達は、オーストラリアで学校の先生をしています。皆さんは、オーストラリアという国がどこにあるか知っていますか？（世界地図や地球儀があれば提示する）

ここが日本で、ここがオーストラリアです。

このお友達から、クリスマスカードをもらったことがあります。どんなカードだったかというと……サンタクロースが海でサーフィン、波乗りをしてやって来る写真のカードでした。

「あれっ？」って思いますよね？　クリスマスは一二月。普通思い浮かべるクリスマスは、雪が積もっていて、暖かい暖炉があって、サンタさんは雪の中、そりに乗ってやって来ますよね？　それが、オーストラリアのサンタさんは、夏、太陽の下、サーフィンに乗ってやって来るんです。

お友達に聞いたら、オーストラリアでは、一二月は夏なんだそうです。日本とは、夏と冬が逆だというのです。

地球は丸いボールの形をしていますが（地球儀があれば提示する）、真ん中より北側・上側と南側・下側では季節が逆なんだそうです。日本は北側にあります。オーストラリアは南側にあります。そこで、日本が夏のときは、オーストラリアは冬。日本が冬のときは、オーストラリアは夏なんです。不思議ですね。

今、季節の話をしました。日本には、春、夏、秋、冬の四つの季節があります。

でも、世界には、季節がほとんど変わらない地域もあるそうです。

例えば地球の真ん中辺り（地球儀などで低緯度の辺りを指す）は年間を通じて暖かだそうです。一方で、地球の一番北と南の辺り（地球儀で極地の辺りを指す）は年中寒く、太陽が沈まない日があったり、太陽が昇らない日があったりするそうです。

季節がこれだけ違うのですから、そこに生きている植物や動物の様子もいろいろなのでしょうね。

私たちが当たり前だと思っていることがあります。

夏や冬がある、七月や八月は夏で、一二月や一月は冬。夏は昼が長くて、冬は逆。毎日太陽が昇って沈む。

でも、日本と違う場所に行ったら、「当たり前」がそもそも違うんですね。

そちらの土地の人から見たら、私たちの住んでいる日本が特別に見えるのかもしれません。

「クリスマスに、サンタクロースが雪の中をやって来る」と言ったら、驚かれるかもしれませんね。

宣

チンパンジーとパンダとラッコの共通点

近年、日本では、夏がこれまでになく暑かったり、ゲリラ豪雨が起きて川が氾濫してしまったり、冬に大雪が降り屋根が壊れたりと、異常気象といわれる現象が多く起きています。そして、これは日本だけのことではなく、世界の様々な国で見られ、地球温暖化の影響といわれています。

こうした厳しい環境の変化は、そこに暮らす動物や昆虫、魚にも大きな影響を与えています。

皆さんは「絶滅危惧種」という言葉を聞いたことがありますか？　数が減ってきていて、将来的に絶滅してしまうかもしれない生物のことです。現在、全世界に三万七四〇〇種以上も存在するといわれています。この数は、調査が確認された生物の二八パーセントに当たるそうです。

絶滅危惧種が増加するのはなぜでしょうか？　それは、自然界で淘汰されるだけでなく、人間の活動も多く関係しているといわれています。

外務省のデータによると、絶滅危惧種の多い国として、エクアドルやアメリカ合衆国、マレーシア、インドネシアが挙げられています。日本も少なくない数の野生生物が絶滅の危機に瀕しているようです。では、絶滅危惧種にはどのような動物があるのでしょうか？　いくつか見ていきましょう。

ワオキツネザルは通常群れで生息しますが、乾燥した疎林地帯が急速に消滅しているために個体数が減っているそうです。

ホッキョクグマは、地球温暖化が進んでしまうと、二一〇〇年には絶滅の恐れがあると心配されています。

チンパンジーは動物園でよく見る動物ですが、野生では個体の減少が進んでいます。

主に中国に住むジャイアントパンダは、森林部分の開発で生息する環境が変化しているため、個体数が減少しています。

日本に生息する絶滅危惧種としては、イリオモテヤマネコ、エゾナキウサギ、ラッコ、ジュゴン、トド、コウノトリ、トキ、ヤンバルクイナ、ハヤブサなど九種類が挙がっています。

皆さんは聞いたことのある動物がいましたか？


ほかにも、鳥や魚にも同様のことがいえます。地球上で生活している生物が絶滅してしまう原因としては、森林伐採や開発、生息地の汚染、乱獲や密猟、外来種の持ち込み、地球温暖化、の五つが挙げられています。いずれの理由も、人間による自然界での活動が大きな原因になっていますね。

こうした現状に対しては、絶滅危惧種を保護し、生物多様性を守り生態系を持続可能なものにすることです。世界では、環境保全につながる一七のゴールを「ＳＤＧｓ（持続可能な開発目標）」と呼んでいます。国際社会が協力して、海と陸、それぞれの豊かさを守るためにどんなゴールを目指しているのか、また、私たちができることは何かを考えていきましょう。全ては豊かな自然のために。

玲

一七五万種類の生き物と共に生きる

今日は私の大好きな詩の中に出てくる言葉を一つ紹介しますね。

「みんなちがって、みんないい」……この言葉は、金子みすゞさんの「私と小鳥とすずと」という詩の中に出てくる一節です。五年生の国語の教科書でも紹介されていましたので、読んだことのある人もいますね。

初めて聞いた人のために、どんな詩の内容かを簡単に教えます。空を自由に飛べる小鳥はいいな。私は空を飛べないけれども、小鳥よりも早く地面を走ることができるよ。鈴はきれいな音がするな。私の体を揺すっても鈴のようにきれいな音はしないけど、私は歌をたくさん知っているよ。そして、「みんなちがって、みんないい」という内容だったはずです。自分で読んでみたいと思ってくれた人は、学校図書館で金子みすゞさんの詩が載っている本を探してみてくださいね。

さて、もう少し世界に目を向けて、皆さんの意識を地球全体にまで広げてください。この地球上には、どれくらいの種類の生き物が住んでいるかを知っていますか？　一〇〇〇種類？　一万？　もっと？　一〇万？　一〇〇万？　……分かっているだけでも約一七五万種類の生物がこの地球にはいます。まだ発見されていない生物もいることを考えると、実際には一億種類を超えるかもしれませんね。

卵から生まれて、大きくなると空を飛ぶようになる鳥だけでも、約九〇〇〇種類いるそうです。それから、私たち人間やお猿さん、犬や猫、ライオンまで、卵から生まれるのではなくて、お母さんのお腹から生まれて、おっぱいを飲んで大きく育つ動物のことを「哺乳類」といいますが、哺乳類だけでも約六〇〇〇種類います。

例えば、首の長いキリンは高いところに生えている葉っぱをたくさん食べることができていいですね。それから、海の中をスイスイと泳ぐことができるラッコやアザラシは、エサとなる貝や魚をたくさん獲ることができますね。それぞれの環境に応じて、実に様々な生物が地球に生きています。このことを少し科学的な言葉で説明すると、「生物や環境の多様性」といいます。

高学年、あるいは中学生や高校生の理科でも詳しく勉強する機会がありますが、この「生物の多様性」がとても重要だといわれています。

もしかして、この先の将来に世界中の気温が今よりももっと高くなってしまったとしたならば、地球上にいる一七五万種の生物のうち何種類が生き残ることができるのでしょうね？　暑さに強い生き物のうち、ほんの少しだけは生き残ることができるかもしれません。……暑さとは逆に、世界中が今よりもっと寒くなってしまったならばどうですか？　寒さや氷の世界でも生き残ることができる生物は、はたしてどれくらいいることでしょう。

「みんなちがって、みんないい」……そして、生物の多様性が大切だという話をしました。

お互いのよさを大切にすることは、とても自然なことであり、重要だということを覚えておいてください。この続きは、またの機会に教えますね。

浩

生命と環境の豊かさ

生物を守る「マイ行動宣言」

地球上の生物の中で、最も大切にされなければならない生物は何でしょう？

国立環境研究所によると、地球上には科学的に約一七五万種類の生物が生息しているそうですが、実際には人が確認できていない生物も存在するので、その数は三〇〇万種から一億一一〇〇万種と推測されるそうです。その中で、最も大切にしなければならない生物とは何でしょうか？　この質問は、少し意地悪な質問だったかもしれませんが、答えは、「全ての生物が同じように大切にされなければならない」だと先生は考えています。

さて、皆さんは、生物多様性条約という、世界一九四の国々があらゆる生物を守るための条約を結んでいることを知っていますか？　この条約を日本も一九九三年に結びました。では、全ての生物を大切にするために何ができるのでしょうか？　そこで、国連生物多様性の一〇年日本委員会が「マイ行動宣言」を掲げ、誰でもできる生物多様性を守るための五つのアクションを示しています。

①　地元でとれたものを食べ、旬のものを味わいます。

②　自然の中へ出かけ、動物園・植物園などを訪ね、自然や生きものにふれます。

③　自然の素晴らしさや季節の移ろいを感じて、写真や絵、文章などで伝えます。

④　生きものや自然、人や文化との「つながり」を守るため、地域や全国の活動に参加します。

⑤　エコラベルなどが付いた環境に優しい商品を選んで買います。

皆さん、これらの五項目を意識した生活ができるでしょうか？　きっと、皆さんだけでは難しいと思います。なぜなら、地元で採れたものを食べるには、それを選んで買うことが必要だからです。毎日の食材を皆さんが選んでいるのであれば、可能かもしれませんが、大抵は、家族の人が買い物をしているでしょう。エコラベルが付いた商品を購入するというのも同じ理由で、難しいと思います。

では、皆さんには何もできないのでしょうか？　それは違います。今日、皆さんは、生物多様性を守るための具体的な方法を五つ知りました。この話を家に帰って、ご家族に話してみてください。そして、協力してもらえるようにお願いすることはできます。

皆さん自身がこれからの地球を守っていく先頭に立つ人たちなのです。皆さんが大人になったとき、草木が生い茂る林や森がなくなっていたり、食卓に並ぶ野菜やお肉、魚、穀物がなくなっていたりしたら、困るのは皆さんです。そして、大人たちは、皆さんや皆さんの後に続く人たちがこの地球で生活し続けられるように、生物多様性条約を結びました。

最後に、日本を含めた世界の国々が、なぜ生物多様性条約が必要だと考えているか。それは、生態系を守るためです。生態系というのは、様々な動植物がその生息する地の環境に適応し、種をつなぐことでバランスを保っています。そして、私たち人間もその生態系の中で種をつないでいます。それは、生物多様性の中で、人間もほかの動植物と同じであるということを意味しています。人間も含めて、地球上の動植物は全てがつながることで、バランスを取っているのです。

タ

生命と環境の豊かさ

人間も生物多様性の一部

「生物多様性」という言葉を知っていますか?

生物多様性とは、生き物たちのつながりのことです。地球上の生き物は四〇億年という長い歴史の中で、様々な環境に合うように体などを変化させて進化し、三〇〇〇万種ともいわれる多様な生き物が生まれました。これらの生命は一つ一つに個性があり、それぞれが直接的に、また間接的に支え合って生きています。

例えば、人間は、植物や動物を食料として食べて生きています。その動物も、成長するために植物や動物を食べています。植物は、太陽や地面の水分を栄養に変えて成長しています。このような生命と生命のつながりや、生命を支える環境のつながりを「生物多様性」と呼びます。

生物多様性条約では、生物多様性には、「生態系の多様性」「種の多様性」「遺伝子の多様性」という三つのレベルで多様性があるとしています。

「生態系の多様性」とは、例えば、木は、季節によって葉や花や実をつけます。葉などは枯れて地面に落ちると、動物の餌になります。動物は糞をしますが、その糞は微生物のえさになったり、木の栄養になったりします。このように、木は様々な生き物との関わりによって生きています。自然環境によって異なる生き物の関わり方を「生態系の多様性」と呼びます。

「種の多様性」とは、動植物から細菌などの微生物に至るまで、たくさんの生き物がいることを指します。

「遺伝子の多様性」とは、同じ種でも異なる遺伝子をもつことにより、形や模様、生態などに多様な個性が生まれ、その種の存続を保つことにつながることです。

二〇世紀後半から、様々な自然破壊が進み、地球全体の環境問題となりました。このことから、地球環境の現状をより広く、深く認識し、解決していくために「生物多様性」という言葉が使われるようになりました。

環境省は、日本の生物多様性の危機として、四つを挙げています。

第一の危機は、開発や乱獲による種の減少・絶滅、生息・生育地の減少です。

第二の危機は、里地里山などの手入れ不足による自然の質の低下です。里地里山とは、人が自然に働きかけて生まれた空間です。薪を取ったり、食料を集めたりして里地里山に入ることで、人は山や林などの手入れを行い、たくさんの生き物が生息できる共生の場を守ってきました。しかし、里地里山の利用が減り、手入れが行き届かなくなったことで、シカやイノシシなどの数が増えるなど大きな影響を与えています。

第三の危機は、外来種などの持ち込みにより生態系を乱していることです。

第四の危機は、地球環境の変化による危機です。平均気温が一・五～二・五度上がると、氷が溶け出す時期が早まったり、高山帯が小さくなったり、海面温度が上がったりして、動植物の二〇～三〇パーセントは絶滅のリスクが高まるといわれています。

私たち人間も生物多様性の一部です。私たちの大切な地球環境や、一つ一つの命を守るために、様々な取組が進められています。皆さんも、生命や地球環境を守る取組を進めてみませんか。

麻

相互理解と対話

相手を知ることから始まる

以前に、多様性が大切だと話したことがありますね。そうです、「みんなちがって、みんないい」の続きです。私たち人間には、一人一人に、それぞれ違ったよさがあるのだということはもう知っていますね。それでは、一人一人の違うよさとは、どのようにすれば知ることができるでしょうか？

お互いのことについて知る……そのことを「相互理解」といいます。相互理解という言葉を今日初めて聞いたよという人は、また一つ物知りになることができましたね。お互いのことを知る、この「相互理解」が大切だと思う人は、うなずいてください。ほとんどの人が、ウン、ウンと首を縦に振ってうなずいていますね。

相互理解は本当に大切なの？　どうして？　なぜ、そう思うの？　これまでの自分の経験の中から自信をもって説明できますか？　……今、皆さんが心の中で思い出していた経験の中で、誰かと言い争いやけんかをしてしまったことを思い出せた人もたくさんいますね。

自分と相手では、それぞれに立場も違うし、考えていることだって違いますよね？　そのようなときに、人と人は意見がぶつかってしまい、場合によっては大きなトラブルになってしまうことがあります。友達とけんかをしてしまったら、その後はどうしていますか？　お互いに話し合って解決をしますよね。話し合うことによって、どうしてそうなったのか、相手の考えが分かったら、その相手とは前よりもっと仲よくなれた……そのような経験はないですか？　相互理解は本当に大切だと、皆さんも納得できましたね。

それでは、最後にまとめたいと思いますが、相互理解をするためには何が必要でしょうか？

相互理解、相手のことを知るために、そして、自分のことを相手にも分かってもらうために必要なこと……そう、話合いが必要です。少し難しいかもしれませんが、大人の言葉で表現するならば、「対話の重要性」という表現をします。

対話の重要性、つまり話合いですが、友達同士の話合いが大切なのはもちろんのことですが、例えば、国と国による話合いもとても重要です。もしも、ある国とあまり仲のよくない国が話合いをしないでいると、やがてどうなってしまうことでしょうか？　……とても残念なことですが、国と国が争ってしまうと、戦争になってしまいます。最近のニュースですが、ウクライナとロシアが戦争になってしまい、多くの命が失われています。このことは、とても悲しい出来事ですね。

今日は、相互理解、対話の重要性について、皆さんと考えてみました。将来の社会を築き上げていくのは、皆さんです。相手を理解すること、話合いの大切さについて、自分はできているか、これから先の世の中が更によくなるためにはどうすればいいか、まずは自分のできることから始めましょう。

浩

相互理解と対話

「対話力」とは「聴く力」

「こんにちは。今日はいいお天気でいい気持ちですね」「初めまして。私は○○です。どうぞよろしくお願いします」と、会社では初めて出会う人に挨拶をして名刺交換をします。また、久しぶりに会った人に対しても、「ご無沙汰しております。お元気ですか」といった挨拶をして会話が始まることが普通です。人と人とがコミュニケーションを取るとき、最も大切なことは挨拶をすることであり、相手を尊重することです。

このように、私たちはほとんど一日中「会話」をしています。会話には様々な種類と場面があり、目的も様々です。こうした会話に対して、「対話」とは、お互いの立場や意見の違いを理解し、そのずれをすり合わせることを目的に行うものです。

授業では、意見や考え方のよい・悪いを決めるのではなく、テーマについて自分の考えを互いに述べて、違いやよさを発見したり、新たな価値を見付けたりしながら新しい知識を増やしていくことがあるでしょう。

では、対話が重要になるのはどんなときでしょうか？　立場や考え方が異なる相手、仕事では上司と部下、取引先とのコミュニケーションなどです。誠実に話すことで相手から信頼され、仕事で成果を上げることができます。また、新しい出会いを生かして、絆や縁が生まれることもあるかもしれません。

そう考えると、「対話力」は身に付けたい能力といえますね。でも、「人と話すことが苦手」「相手の言っていることがよく分からない」といった理由で、対話することから避けたり、逆に一人で話し過ぎたりすることがよくありませんか？　対話力を身に付けるためには、対話がなぜ大切なのか、そのためにどうしたらいいかを考えていくとよいでしょう。

まず、「人と話すことが苦手」と思っている人は、相手の話をよく聞くことを心がけましょう。聞くときは、「肯定的に聞く」ときと「批判的に聞く」ときとがありますが、自分の立場に最も合ったほうに立つことがよいと思います。よく聞いているうちに「なぜかな？」「自分と同じだ」「自分とは違うな」と思うことに気付くことでしょう。そうしたら、相手に質問をするとよいでしょう。質問は、自分がするだけでなく、別の人の質問も同様に聞いていきます。

そして、どんなことが大切なのか、何が話されているかをよく理解し、もう一度自分なりに考えをまとめてみましょう。考えがまとまったら、そのことを進んで話してフィードバックするとよいでしょう。

このように考えてくると、対話に大切なことは、話すことよりも「聞くこと」「理解すること」であることが分かってきます。多くの人の前で、積極的に話している人が、意外に話の筋が分かっていなかったり、ほかの人の意見を全く考えていなくて困ってしまったりしたということもよくあることです。

「日本人は外国人と比べて積極的に自分の考えを述べることが苦手だ」といわれます。しかし、自分の意見をただ主張するだけでなく、周囲の意見をよく聞きながら、自分の考えと比べ、再構成して、そして話すということができるようになると、より信頼される人になれると思います。大切なことは、相手を尊重することであり、自分自身の考えを柔軟にして、よりよい考えを生み出していくことではないでしょうか。

玲

相互理解と対話

「いいよ」って、「いい」の？

校長先生には仲よしのお友達がいます。お互いに忙しくて、ふだんはなかなか会えませんが、いつもスマートフォンでメッセージのやり取りをしています。

この前もその友達から、メッセージがありました。

「お休みの日に、釣りをしてたくさん魚が釣れた。友達に声をかけて、みんなで料理して食べよう。今から家においでよ」

ということでした。

校長先生は、残念ながらその日はもう予定が入っていたので、メッセージに、

「いいよ」

と打ち込んで返信しました。

すると、次の日、友達から、

「なんで約束したのに来なかったんだよ？」

と、何やら怒ったような感じのメッセージが届きました。

校長先生は、「え？　何でだろう？」と思いました。

皆さんは、もう分かりましたよね？

校長先生は、「行けないから、いいよ」と断るつもりで「いいよ」と送ったのですが、友達は「ＯＫ」「行くよ」という意味で「いいよ」を受け取ったのです。

きちんと詳しく伝えればよかったな、電話で話したほうがよかったかな、と思いました。そして、その後、友達に謝りました。

皆さんも、友達やお家の人と話をしたりＳＮＳでやり取りをしたりしていて、「そういうつもりじゃないのに」というような誤解や勘違いが起きることがありますよね。

例えば、面と向かって、冗談めいて「バカだな」と言われても傷付くことはありません。けれど、手紙やメールなどで「バカだな」と書かれていたらどうでしょう？　相手が怒っているのか、自分のことをバカにしているのか、穏やかではありませんよね。

私たちはそれぞれ、考えていることも思っていることも違います。同じ言葉を受け取っても、感じ方は人によって違います。相手が、自分のことを分かってくれていないと感じることがあります。それと同じに、相手の気持ちを分かっているつもりでも、それは違うかもしれません。

きちんと自分の考えや気持ちを伝えること、きちんと相手の話を聞くことが大切です。

宣

相互理解と対話

「ふわふわ言葉」と「ちくちく言葉」

梅雨の時期に入り、雨の降る日が多くなって、なかなか外に出て思いきり遊ぶことができません。もともと中で遊ぶことが好きという人にとっては、変わりないかもしれませんが、外で体を動かすことが好きな人にとっては、「また、雨！」と、イライラして、ストレスが溜まってしまいますね。

残念ながら、こんな状況が続くと、休み時間には、なんだか、ちくちくと心に刺さる言葉が聞こえてきます。朝からあまり聞きたくない言葉ですが、みんなが思う「ちくちく言葉」って、どんなものがありますか？「邪魔！　どけよ！」とか、「うるさい！　黙れ！」「ウザい！　消えろ！」「ムカつく！」……。ここで、改めて声にしてみると、かなりきついですね。気持ちが暗くなりますね。こんな「ちくちく言葉」、いや「ぐさぐさ言葉」を、「友達だから何を言っても大丈夫」と、何気なく発していませんか？

また、ここまで強い口調ではないとしても、「何やってんの！　頭悪いんじゃない？」とか、「意味分かんな～い」、「はあ？　何言ってんの？」なんて、ばかにしたような、嫌味のような……気分がマイナスになる、そんな

「ちくちく言葉」もありますね。

声に出して言った言葉って、見えません。見えませんが、周りの人に投げかけられた言葉によって気持ちが沈んだり、反対にモチベーションが上がったり……人の心に強く響いてしまうものです。

だから、前向きで、嬉しくなるような「ふわふわ言葉」を使うと、心が元気になります。こんな「ふわふわ言葉」があったらいいなと思うもの、少し考えてみましょうか。

思わず相手によくないことを言ってしまったり、してしまったりしたとき、「ごめんね」「悪かった」。

照れくさいけど、相手に感謝の気持ちを伝えたいとき、「ありがとう」「助かったよ」。

うまく言えないけど、相手が元気のないとき、「ドンマイ」「大丈夫？」「がんばろうね」「元気出して」。

難しいけど、相手を褒めたいとき、「やったね！」「かっこいいね」「がんばったね」「すごいね」「いいね」。

相手と一緒にいたいという気持ちを伝えたいとき、「一緒に遊ぼう」「仲間だね」「一緒だね」「楽しいね」。

自分の何気ない言葉が、相手に影響を及ぼしていることに気付いているでしょうか？　言葉遣いは人柄を表します。いかに相手を大切にしているか、心を使っているかは言葉遣いから察することができます。

言葉が変わったくらいでは結果は変わらないと思うかもしれませんが、まずは、やってみましょう。

と

相互理解と対話

ライオンのけんか

皆さんは、友達とけんかをしたことがありますか？　けんかをしたことがある人は、そのときにどうしたでしょうか？　けんかをしたことはないという人は、もしけんかになったらどうしようかと考えてみてください。

では、「けんか」って何でしょう？　けんかはなぜ起きるのか、少し考えてみたいと思います。

辞書などで「けんか」を調べると、「言い合ったり、殴り合ったりして争うこと」と書いてあります。そこで「言い合ったり」について、考えてみましょう。けんかでの言い合いで思い浮かぶのはどんな状況でしょうか？　互いの言い分を大きな声で怒鳴ったり、相手のよくないところを言ったりして、お互いに嫌な気持ちになりますね。そのときの二人の表情は、きっと眉間にしわを寄せ、怖い顔をしていることでしょう。

さあ、そんな「けんか」ですが、皆さんは友達とけんかをしたいと思っていますか？　きっと、ここにいる全ての人が答えは「ノー」だと思います。もし、「イエス」の人がいるとしたら、その人は、今とても困った状況にいて、イライラしているのかもしれませんね。その人は、まずイライラの原因を解決する必要があります。先生たちにぜひ相談してみてください。

さて、突然ですが、ここで、アフリカのサバンナでオスのライオンがけんかをしている様子を想像してみてください。野生動物の世界では、縄張り争いによって、同じ種であっても縄張りに迷い込んだ相手を殺してしまうほどのけんかをすることがあります。ライオンのオス同士が鋭い爪を相手の肉に食い込ませ、鋭い牙で噛み付く様子をテレビなどで見たことがある人も多いのではないでしょうか。

では、人間もライオンと同じようにけんかをするでしょうか？　答えは「イエス」です。その様子を「暴力」と呼びます。人間でも、相手が死んでしまうまで優劣を争うことがあります。こうしたことは、避けられないのでしょうか？

ここで皆さんに質問です。野生動物になくて、人間にあるもので、争いを避けたり、争いによるダメージを最小限に収めたりすることができるものは、何だと思いますか？　けんかや争いの際に大変役に立つものです。

答えは「言葉」です。そして、対立の際には、その言葉を使った「対話」がとても有効です。「対話」の意味は分かりますか？　「対話」とは、相手がどんなことを考えているのかを理解しようとしながら聴くことによって、自分のことも理解してもらおうとする話合いのことです。

サバンナで、群れに迷い込んできたライオンに「なぜあなたは、ここに入ってきたのですか？」と聞いたなら、「群れとはぐれてしまって……」と理由を答えることができるでしょう。すると、「それは、かわいそうに。でも、ここは私の縄張りですから、あなたがいるわけにはいかないんです。出て行ってもらえますか？」「分かりました。知らなかったとはいえ、あなたの縄張りに勝手に入ってしまって、申し訳ありません」と……こんなふうにうまくいくかは分かりませんが、互いに致命傷を負うほどの争いをしなくても済むのではないでしょうか。

皆さんも、人間がもつ言葉で相手と対話をしてみてください。今日は、けんかを例にお話ししましたが、対話で他者を理解し、自分を表現することで、よりよいコミュニケーションを図っていきましょう。

タ

相互理解と対話

平和に共存する国際デー

令和四年五月一五日は、沖縄復帰五〇年の節目の日でした。沖縄は、第二次世界大戦が終わった一九四五年から一九七二年まで、アメリカ政府に治められていたのです。

第二次世界大戦では、日本は兵士だけでなく、たくさんの民間の人が命を落としました。空襲で戦闘機から落とされた爆弾などによる被害もありましたが、沖縄と一部の島では、「地上戦」といって、実際に敵国の兵士が上陸し、戦闘が行われたのです。

当時、沖縄では、四人に一人がこの戦いで亡くなったとされています。そんな悲惨な犠牲を出しただけでなく、その後も長い間日本に復帰できなかったという沖縄の歴史を、皆さんも心に留めておいてください。

さて、その翌日である五月一六日は、「平和に共存する国際デー」です。この日は、二〇一七年、「平和・連帯・調和の持続可能な世界を築くために、違いと多様性の中で団結して生き、共に行動したいという願望を支持すること」を目的として、国連総会によって制定されました。

皆さんに分かりやすく言うと、人はみなそれぞれ違いがあるけれども、だからといってお互いがそっぽを向くのではなく、それを分かり合い、違いを含めて相手を大切にし、協力して、誰もが安心して幸せに暮らせる平和な世界をつくろう、ということです。

例えば、自分のクラスのことを思い浮かべてみてください。

クラスには、算数が得意な子もいれば、体育が得意な子もいるでしょう。おとなしい子もいれば、いつも元気でにぎやか子もいます。背の高い子も、髪の毛の色が違う子も、慌てん坊も、片付けが苦手な子も、優しくて親切な子もいるでしょう。歌が上手な子、すてきな絵を描く子、足の速い子、外国の言葉が話せる子、料理が好きな子、折り紙で何でも作れる子……などなど、いろいろな子がいますね。

中には、自分と気が合わず、すぐけんかをしてしまう相手もいるでしょう。苦手だなあと思う子もいるかもしれませんね。でも、皆さんは、クラスの友達として、お互いを認めて大事にしているのではないですか？

そして、当番活動や、運動会、移動教室などの行事に力を合わせて取り組んでいるうちに、苦手だった子の意外な一面に気付いて仲よくなったり、嫌いだと思っていた子との間に強い仲間意識が芽生えたりすることもあるでしょう。私にはそんな経験がありました。皆さんにもきっと、似たようなことがあると思います。

まさにそういうことが、「平和に共存する」第一歩なのです。違いを理由に距離を置くのではなく、違いを知ろうと歩み寄ってみましょう。おしゃべりしてみましょう。一緒に何かをやってみましょう。違いを認め合って、違うことをお互いに楽しめたらいいですね。

皆さんには、今日、「平和に共存する国際デー」に因み、日本にもあったつらい戦争の歴史や、今この瞬間にも続いている他国の戦争について、心を寄せてほしいと思います。そして、平和について、また、みんなが一緒に安心して暮らせる世界について、ぜひクラスの友達と一緒に考える時間をつくってください。

瑞

相互理解と対話

「言葉」のない対話

校長先生は、毎年入学式でピッカピカの一年生たちに「作戦」を伝えています。

小学校生活の中で、大切にしてほしいことを伝えるわけです。

作戦として、必ず、「挨拶をしっかりすること」を話します。「おはようございます」や「こんにちは」「さようなら」の挨拶はもちろんですが、「ありがとう」や「ごめんなさい」など、気持ちや思いをしっかりと伝えること、受け止めることが大切だよ、と話しています。

挨拶は、コミュニケーションの第一歩であり、お互いを分かり合うためのすてきなやり取りです。照れくさかったり、ドキドキしてしまったりして、うまく挨拶できないこともありますね？　でも、みんなで挨拶を大切にしていきましょう。

挨拶をしたり、会話をしたり、友達と一緒に勉強したりするときには、言葉のやり取りが大切です。言葉のキャッチボールで対話をしたり、言葉を使って、自分の考えや気持ちを表したりするわけです。皆さんには言葉にしてほしい。そして「言葉の力」をたっぷり身に付けてほしいな、と思っています。

校長先生は、以前、たけの子学級（特別支援学級の学級名）のようなクラスで先生をしていました。そのときに出会ったAくん、Bくんとの思い出について話をします。

二人とはそれぞれ、小学校に入学する前に出会いました。二人とも、「表出言語」といって、相手に伝わるような言葉を話すことはできませんでした。文字を読んだり、書いたりすることも苦手でした。

「どうやって対話をしたらいいのかな？」「しっかりと伝え合えるかな？」と悩みましたが、とにかく一緒に、たくさん活動すること、そしていい汗をかきながら、一緒にがんばり合うことを大切にしました。

また、「二人には伝わっているに違いない」と信じて、とにかく、たくさん言葉をかけよう、と心がけました。学校で一緒に過ごしていく中で、言葉での表現はできなくても、AくんもBくんも、泣いたり笑ったり、怒ったり、時々、じーっと私の目を見たり、私の手を取って何かを訴えたりするようになりました。すぐに分かってあげられないこともありましたが、これは彼らなりの表現、言葉なんだなと考えて、少しでも理解できるように丁寧に関わっていきました。そんなやり取りの一つ一つが、二人と私との大切な「対話」だったんだな、と思っています。

言葉が対話を支える大事な力であることは間違いありません。でも、それを豊かにするのは、いろいろな活動や経験をたっぷりと共有すること、そして、言葉にもいろいろな表し方があることに気付き、受け止めていくことを大切にすることなのだと思います。

久しぶりに二人に会いたくなりました。

徹

相互理解と対話

多数決は万能ではない

今日は物事を決めるときの対話の重要性についてお話をしたいと思います。

皆さん、学校で掃除をするとごみが出ますね。学校だけではなく、お家や会社などからもごみが出ます。もちろん、リサイクルやリユースなど、まだ活用できたり資源になったりするものは分別したり、ごみがあまり出ないように工夫したりしますが、どうしても一定量のものはごみになってしまいます。そして、それらのほとんどは焼却施設で燃やされることになります。

では、ごみ焼却施設が壊れてしまったり、ごみの量が増えたりして、焼却施設を新たに造らなければならなくなった場合はどうしたらよいでしょう?

ごみの焼却施設自体は、生活する上において絶対になくてはならないものですから、どこかに造らなければなりません。しかし、できれば自分の家の近くには造ってほしくないと思う人が多いのではないでしょうか。なぜなら、焼却施設が家の近くにできると、ごみを運搬する車の騒音の問題や、ごみを燃やすときに何か体に悪いものが煙突から出るのではないか、という不安をもつ人が出てきたりするからです。そのため、なかなか焼却施設を新たに造ることが難しい現状があります。

このような場合、民主主義の日本では、話し合って決めていきます。では、どのように話し合っていけばよいのでしょうか？

まずは、焼却施設がどのようなものであるか、正しい情報をみんなで共有していきます。どんなものかが分からないと、どうしていったらいいか判断ができません。その際に、施設そのもののことだけではなく、施設を建てるための条件や、施設が建つことによる周りへの影響についても、みんなで情報を共有し、話し合っていく必要があります。

次に、どのように焼却施設を建てる場所を決めていくか、の手続きについてもみんなで話し合い、進めていくことが大事です。民主主義だからといって、一方的に多数決で決めていこうとすると、受け入れてもよいと思っている人の中にも、決め方に納得がいかず、受け入れに反対に変わってしまうことがあります。

最終的に多数決で決めていくにしても、決め方についても時間をかけ、丁寧に話し合っていく必要があります。受け入れる人が、これだったら受け入れてもよいと思うようにしていくことが大事です。また、受け入れることのメリットを出していくことも大事になってきます。いずれにしろ、多くの人の納得が得られるように、対話を重ねていくことが大切です。

今回は、焼却施設の建設を例に話をしてきましたが、学級の中で物事を決めていくときも同じだと思います。人数が多いからといって、すぐに多数決で決めるのではなく、みんなで対話を重ねて、少数の人の意見も尊重し、できるだけ多くの人が納得できるように決めていきましょう。

勝

対話に限界はあるのか？

これまで、私は皆さんに、周りの人との対話を大切にしてほしいと伝えてきました。

先日、四年生の子が、休み時間に何をして遊ぶかが決まらず、怒って教室に戻っていく様子を見ました。楽しい休み時間なのに、何も遊ぶことができなかったからです。その次の日、同じ四年生が、友達と校庭で話合いをしていました。校庭だからボールが使えるのでドッジボールをしようという意見と、今集まっている人数が少ないから鬼ごっこのほうがよいという意見で対立しているようでした。予鈴が鳴ったころ、「じゃあ、次は友達を集めてドッジボールね。人数が少なかったら氷鬼をしよう」と笑顔で別れていきました。

同じように休み時間に遊べなかったのですが、笑顔で別れられたのは、みんなが考えていることを伝え合い、みんなが納得する結論をもてたからだと話してくれました。みんなの意見を出し合い、互いに折り合うことができる結論を導くことを「対話」といいます。四年生は、対話の大切さを見せてくれたのだと思いました。

二年生の研究授業では、「スーホの白い馬」を読んで、スーホの思いを話し合いました。王様に取り上げられてしまった白い馬がレースに出たとき、スーホは近くにいなかったから、この場面にはスーホの思いはないのかという話合いでした。本文にスーホの気持ちは書かれていないけれど、王様に取り上げられてしまって離れ離れになったから、スーホはずっと白い馬を心配しているという結論になりました。

この授業では、たくさんの意見が出されました。授業が終わった後、授業中に発言しなかった友達が、「今日の授業は面白かった！　すごく頭を使った気がする」と言っていました。

この言葉を聞いて、話合いで意見を言っていない人も、一緒にいることで「対話」に参加しているのだなと分かりました。そして、発言した人と同じように考え、同じように結論に納得していることを知りました。

「対話」は、互いを大切に思って、互いの意見を聞き合い、その理由や根拠を知ることで、相手の考えを理解し、自分の考えを理解してもらい、みんなの考えを一緒につくっていくものだと思います。どんな人とも、対話を通して理解し合い、大切にし合うことで、よりよい世界にしていくことができるのだと思いました。

しかし、このように対話のよさを話していたときに、ある人から、「どんなに言葉を尽くしても、分かってくれない人もいる」と言われました。

例えば、今、世界では戦争をしている国があります。戦争をしている国同士では対話をしようとさえ思っていません。対話ができなかったから、戦争になったのかもしれません。

対話とは互いを大切に思うことから始まるとすると、戦争になってしまってからでは、対話では解決できないのでしょうか？

私は違うと思います。それは、以前、戦争があったところでも、今は戦争を止め、互いに理解し合い、協調しようとしている国同士があるからです。対話を基に解決しようという思いを強くもち続け、対話をしようと努力を重ねることで、なかなか分かり合えない相手から対話の機会を引き出し、共に解決につながる結論を導くことはできると思います。それを信じて、これからも対話を大切にしたいと思います。

麻

編著者

山中ともえ（やまなか・ともえ）

東京都調布市立飛田給小学校校長

1959年6月神奈川県に生まれる。青山学院大学卒業、筑波大学大学院夜間修士課程リハビリテーションコース修了。東京都公立中学校教諭、東京都教育委員会統括指導主事等を経て、現職。特別支援教育士スーパーバイザー、全国特別支援学級・通級指導教室設置学校長協会監事（元会長）、『特別支援教育研究』（全日本特別支援教育研究連盟編集）編集委員

『はじめての〈特別支援学級〉学級経営12か月の仕事術』（共編著、明治図書出版、2017年）、『新指導要録の記入例と用語例　小学校』（共著、図書文化社、2020年）、『通級指導教室で行う自立活動　個別の指導計画＆指導実践事例集』（共編著、明治図書出版、2022年）等、著書多数

執筆者（執筆順。所属・職名は2022年12月現在）

山中ともえ	上掲
樋川宣登志	東京都 調布市立布田小学校校長
鳥居　夕子	東京都 羽村市立松林小学校校長
小島　　徹	東京都 多摩市立大松台小学校校長
川崎　勝久	東京都 新宿区立花園幼稚園・小学校校園長
齋藤　瑞穂	東京都 杉並区立杉並第七小学校校長
山口　麻衣	東京都 文京区立千駄木小学校校長
針谷　玲子	東京都 台東区立蔵前小学校校長
大関　浩仁	東京都 品川区立第一日野小学校校長

多様性を尊重する子供を育てる校長講話

2023（令和5）年2月1日　初版第1刷発行

編著者　山中ともえ
発行者　錦織圭之介
発行所　株式会社東洋館出版社
〒101-0054　東京都千代田区神田錦町2丁目9番1号
コンフォール安田ビル2階
営業部　電話03-6778-4343　FAX03-5281-8091
編集部　電話03-6778-7278　FAX03-5281-8092
振替　00180-7-96823
URL　https://www.toyokan.co.jp

［印刷・製本］岩岡印刷株式会社
［装幀・本文デザイン］中濱健治

ISBN978-4-491-05109-3　Printed in Japan